親が知らない

小学校

歴史教科書の穴

松木國俊／松浦明博／茂木弘道 著

JN214192

ハート出版

親が知らない 小学校 歴史教科書の穴

松木國俊／松浦明博／茂木弘道 著

ハート出版

はじめに

日本の子どもが壊される

執筆：**松木國俊・松浦明博**

自己肯定感を育まない小学校歴史教科書

　日本の小学校教科書が自国の歴史をどのように教えているか、読者はご存知でしょうか。

　歴史教育とはその国や民族が長い歴史の中で磨き上げてきた良き伝統・文化、そして価値観を次の世代に継承する上で最も大切な役割を担っているはずです。

　ところが現在小学校で使われている教科書は、神話をはじめ日本人が古来から受け継いで来た伝統文化の多くを無視あるいは歪曲しており、近現代史においては日本がアジア諸国を植民地支配し、他民族を虐殺し、無謀な戦争を起こして自滅した「愚劣で残虐な国家」であったと教え、自分たちの祖先を「犯罪者」だったかのごとく扱っているのです。

　このような教科書で学んだ子供たちの心には、日本の歴史に対する憤怒と憎悪、さらに羞恥ばかりが刻み込まれ、祖先を呪い日本人に生まれたことを後悔するでしょう。

　教科書の記述内容が「史実」であるならまだしも、重要な項目のほとんどにおいて事実が捻じ曲げられ、「嘘」が満ち溢れており、それはもはや児童に対する「精神的虐待」といっても過言ではありません。

　日本の青少年の自己肯定感・自尊感情が諸外国に比べ極端に低く、社会への参加や貢献意欲に乏しいこと、さらに自殺率が群を抜いて高いことも、こ

のような幼少期からの自虐的教育がもたらした悲惨な結果ではないでしょうか。

　では一体どうして教科書がこのような自虐的記述になってしまったのでしょう。

　戦後の歴史教科書は、主に歴史学の成果を元に記述されますが、日本の歴史学会は、長年左翼学者によって牛耳られており、牢固して変わらず、その内情は、中韓従属史観（中華思想に基づく）・コミンテルン史観（国際共産主義史観）・東京裁判史観（戦勝国＝連合国中心史観）の３つの観点に覆われております。この３つの観点に基づいて歴史教科書が編集・執筆されているため、日本史の叙述は甚だ歪んだものとなってしまいます。

　特に、近現代史の叙述は、いわゆる「反日史観」「自虐史観」の様相を色濃く呈しており、子供たちに加害者意識と贖罪意識を植え付け、日本の過去の行為に対する「懺悔」と「反省」を求めることを主眼とする内容となっているのです。

　そのことは戦後史の冒頭で全ての教科書に次のようなコラムを掲載していることからも明らかでしょう。

> こんどの憲法では、日本の国が、決して戦争をしないように、２つのことを決めました。その１つは、兵隊も軍艦も飛行機も、およそ戦争をするためのものは、いっさいもたないということです。これからさき日本には、陸軍も海軍も空軍もないのです（中略）しかしみなさんは、決して心ぼそく思うことはありません。日本は正しいことを、ほかの国よりさきに行ったのです。世の中に正しいことぐらい強いものはありません。

　これは自衛隊創設以前の1950年まで、ＧＨＱ（連合軍最高司令官総司令部）検閲下で使用された中学校教科書「新しい憲法のはなし」の一節をそのまま引用したものです。

　このように日本では、1952年４月にサンフランシスコ講和条約によって

米軍による占領から独立し主権を回復した後も、「周りの国はみな公正な国々で、日本人さえ無謀な戦争を起こさなければ、日本も人類も平和を享受できる」という、戦勝国によって勝手に創作された「連合国中心史観（日本悪玉史観）」を今日に至るまで後生大事に教えているのです。

そこには左翼思想を持つ執筆者たちの「日本の国家体制を打倒するために、軍事的にも精神的にも脆弱で無防備な国家のままにしておこう」という意図が透けて見えており、教科書を通して純真な児童・生徒の心を「自衛隊反対」や「憲法改正反対」の方向へと導き、幼いころから左翼的イデオロギーをその頭に刷り込んでいるともいえるのです。

一切の軍備廃止がなされ、全ての国家・民族がお互いに認め合い、共に仲良くくらすことは、まさしく人類の究極の「理想」であります。しかし、日本の周辺には、いまだに軍事大国や覇権国家がひしめき合い、核兵器を配備して虎視眈々と日本を狙っているのが実態です。国際政治の現実からまったく遊離し偏向した「理想」だけを子供たちに刷り込めば、日本の自主独立を維持することは不可能でしょう。

このような我々日本人の祖先を貶め、日本人としての自信と誇りを育むことなく、空想的平和主義のみを叩き込む自虐的教育では、日本の次代を担う青少年に公正な歴史観や健全な愛国心、さらには、自らが所属する社会への帰属意識・貢献意欲を育成すべくもありません。それどころか日本国そのものが亡国への道をたどることになるでしょう。

本書では、児童期からの人格形成、思想形成に大きな影響を及ぼす現行の小学校歴史教科書が、「反日史観」に基づく「自虐史観」さらに「唯物史観」・「反天皇史観」で満ちている実態を白日の下に晒し、その歴史の歪曲を徹底論破しており、本来のあるべき姿、正しい歴史を具体的に示しております。

子供たちが本当の歴史を知れば、先人への感謝の気持ち、そして日本人としての自信と誇りがその胸に沸き起こるに違いありません。人生の壁にぶっ

つかっても「俺は（私は）、誇りある日本人だ！」という気概（大和魂）で乗り越えることができるでしょう。そして未来への夢と希望を持って、この国のために尽くしてくれるでしょう。

　祖国を愛する気持ちを持てばこそ、世界の人々の心を理解することが可能であり、真の国際人として世界にも貢献できるはずです。

　どうか、心ある保護者の皆さん、教育関係者の皆さん、そして、日本の将来の在り方に関心のあるすべての国民の皆さんに本書を手にとってご一読いただけたら幸いです。

〈参考〉
小学校で使用中の歴史関連教科書
◎東京書籍『新編新しい社会6　歴史編』
◎日本文教出版『小学社会6』
◎教育出版『小学社会6』

目次

第5章　原爆投下　　　　85

第2部
古代・中世史における「歴史歪曲」

第1章　神話　　　　95

コラム

第1部

日本を貶める
教科書の「大嘘」

日中戦争

決して自然に戦闘が
中国各地に広がっていったわけではありません
日本政府は一貫して不拡大方針でした

執筆：**茂木弘道**

盧溝橋事件
についての各社の記述

東京書籍	日本文教出版	教育出版
1937年、日本軍と中国軍がペキン（北京）郊外で戦いをはじめ、それが、中国各地に広がって、全面的な日中戦争となった。	1973（昭和12）年、ペキン（北京）の近くで日本軍と中国軍とのしょうとつが起こりました。これがきっかけとなって、日本と中国との全面戦争（日中戦争）が始まり、1945年まで続くことになりました。	1937年7月には、ペキン（北京）の中国軍と日本軍が衝突し、これをきっかけとに日中戦争がはじまりました。戦争は、8月にはシャンハイ（上海）、12月にはナンキン（南京）と、中国各地に広がっていきました。戦いは市街地でも繰り広げられ、多くの住民にも被害が及びました。

まずは
読み比べて
ください

盧溝橋事件がどうして起こったのかを全く説明していない記述

　盧溝橋事件をきっかけにして、日本は中国と戦争状態に入っていきました。多くの人は何となく日本が中国を侵略したのだというイメージを持っているようです。弱い中国に押し入って、勝手なことをしたのではないか。いろいろ事情があったかもしれないが、中国に侵入し、中国の中で戦争をしたのだから、**日本の侵略戦争に決まっているという思い込み**です。

　しかし、実情を詳しく見ていくと、必ずしもそうではないことに気が付きます。

　そもそも、盧溝橋事件が起こった時に北京―天津間に駐屯していた日本軍

（支那駐屯軍）は5600名でした。どうして駐留していたのかといいますと、1900年に義和団の乱という外国人皆殺しを標榜する東学党という宗教団体の反乱がおこり、清国政府がそれを支持したばかりか、列国に宣戦布告したために戦争となりました。日米英仏独露伊墺の８か国が連合して軍隊を派遣し、これを鎮圧しました。その結果、北京議定書が結ばれ、８か国はそれぞれの国の居留民保護のために、天津―北京間に一定の兵力を駐屯することが認められたのです。

　したがって、5600の支那駐屯軍は**完全に合法的な駐屯軍**だったのです。合法的に駐屯している軍が一方的に攻撃を受け、戦火が拡大した場合、**戦場が中国内であっても、国際法によれば、侵略者は中国となる**のです。例えば、現在米軍が日本に日米安保条約に基づき合法的に駐屯しています。もし、自衛隊がこの米軍を攻撃して戦争が始まったとすると、戦場が日本国内であっても、侵略者はアメリカではなく日本になります。これと同じようなことが中国で起こり、日中戦争になっていったのです。ですから、戦場が中国内であったとしても必ずしも日本の侵略とは限らないということをご認識頂くことが大事です。

　紛争のきっかけとなった「盧溝橋事件」について、各社の記述は前掲の通りです。

　ご覧のように、各社とも北京郊外で日本軍と中国軍が衝突し、それが各地に広がっていったという描き方をしております。盧溝橋事件という言葉も出てきません。「だれ」が攻撃を仕掛けたのか、という点については全く触れられていません。

　それでは、だれが仕掛けたかわからないからなのでしょうか？

　1937年7月7日午後10時40分頃、盧溝橋近くの河川敷で演習を終わろうとしていた日本軍清水中隊（135名）に対して数発の銃弾が撃ち込まれました。これが事変の始まりです。その後数回にわたり銃弾が撃ち込まれますが、日本軍は警戒態勢を敷いただけで、反撃しませんでした。しかし、翌朝

５時30分に４回目の銃撃があったのち初めて日本軍は反撃を開始し、戦闘状態に入ったのです。最初の銃撃から７時間後のことです。これを見るだけで、**攻撃を始めたのは日本軍ではなく、中国側であることは明白**です。それだけではなく、中国側が仕掛けてきた決定的な証拠があるのです。

7月11日に現地停戦協定が結ばれた

　事件発生から４日後の７月11日夕方、中国第29軍（北支に駐屯する宋哲元率いる10万の中国軍）と日本軍（5600）との間に、現地停戦協定が結ばれたのです。協定は三項目からなります。

　第一項目を見れば、だれが事件を引き起こしたのか、明々白白ではありませんか。

　こんな明白な証拠があるにもかかわらず、まるで「自然に」あるいは「偶然に」衝突が起こり、そして拡大していったかのように書いてあるのです。これはおかしいことではないでしょうか。盧溝橋事件と書かないまでも、中国側からの攻撃から事件は起こったという書き方をするのが当然ではないでしょうか。

📎 日中両軍で結ばれた現地停戦協定（1937年7月11日）

一、第二十九軍代表は日本軍に遺憾の意を表し、かつ責任者を処分し、将来責任を以てかくの如き事件の惹起を防止することを声明す。

二、中国軍は豊台駐屯日本軍と接近し過ぎ、事件を惹起し易きをもって、盧溝橋付近、永定河付近には軍を駐屯せしめず、保安隊を以てその治安を維持す。

三、本事件は所謂藍衣社、共産党、その他抗日系各種団体の指導に胚胎すること大きに鑑み、将来これが対策をなし、かつ取り締まりを徹底す。

拡大していったのは
中国軍が現地停戦協定を次々に破ったから

　また、「それが中国各地に広がって全面的な日中戦争になった」（東京書籍）、「またこれがきっかけとなって、日本と中国との全面戦争に（日中戦争）が始まり」（文教出版）、「これがきっかけとなって日中戦争がはじまりました。」（教育出版）と自然と拡大したかのような書き方をしていますが、これも実状は全く違います。

　何よりも、現地停戦協定が大事です。これが守られていれば、何も紛争は中国各地に拡大などすることはなかったのです。ところが、実際には停戦協定が守られませんでした。**中国側は次々に違反行為を繰り返しました。**

　大きなものとしては、7月13日夜の「**廊坊事件**」です。北京と天津の中間にある廊坊駅付近の電線修理および鉄路保護の任務を帯びて天津から派遣された電信隊一個中隊が、夕刻から宿舎問題で中国側と交渉中、やがて中国軍は同中隊を包囲し、午後11時半ついに軽機関銃を浴びせかけてきました。急を聞いて天津軍司令部はとりあえず五ノ井中隊を派遣しましたが、真夜中頃になって同中隊もまた数倍の敵の重囲に陥り、危機刻々に迫るとの無電を受け、総予備の鯉登連隊を急派します。敵主力はたちまち敗走しましたが、重大事態になりかねない事件でした。

　そして、遂に7月26日には**広安門事件**が発生したのです。北京城内にとどまっていた約2000人の日本人居留民の安全を図るために、約2個大隊の日本軍が北京に向かいましたが、約14名が城内に入ったところで、城門が閉ざされ、それ以上は入れなくなってしまった事件です。ここに至り日本軍は遂に開戦の通告文を発して攻撃を開始したのです。

　どうしてこのように停戦協定破りが続発して行ったのか。それは「**コミンテルン指令**」を見れば、よくわかります。

　つまり、この方針に基づいて、**中国共産党と二十九軍に潜入していた共産**

✏️ コミンテルン指令（1937年7月）

①あくまで局地解決を避け、日中全面衝突に導かなければならない。
②右目的貫徹のためあらゆる手段を利用すべく、局地解決や日本への譲歩によって中国の解放を裏切る要人は抹殺してもよい。（以下略）

解説

コミンテルンとは第三インターとも呼ばれますが、国際共産主義運動の指導組織です。実質的にはソ連の支配下にあり、各国の共産党はこの指導、命令に絶対的に従う義務がありました。この7月の指令については、「盧溝橋事件に関するコミンテルン指令」と題して「コミンテルン並びにソ連邦の対支政策に関する基本資料」（興亜院政務部作成）に掲載されています。現在国会図書館に保管されています。

党分子が中国軍を扇動し、停戦協定違反を推進したということです。決して、**自然に戦闘が中国各地に広がっていったわけでは全くありません。日本政府は一貫して不拡大方針**でした。

　細かいことは説明するスペースもないでしょうが、こうした流れを表現しないと日中戦争がなぜ全中国に拡大して行ったのかという肝心かなめのことが説明出来ません。小学生に誤った観念を植え付ける結果になってしまいます。

上海に戦争がなぜ広がったのかの説明が全くない

　教育出版は、「戦争は8月にはシャンハイ（上海）、12月にはナンキン（南京）と中国各地に広がっていきました。」と書いています。

　実は上海での戦いこそが、それまでの小規模の紛争だった戦いが本格的な全面戦争へと転換した決定的な事件でした。何しろ、中国は上海の日本軍海軍陸戦隊への攻撃を開始した2日後の8月15日に国家総動員令を発令し、大本営を設置し、蒋介石は陸海空三軍の司令官に就任して全面戦争体制を確立したのです。

　したがって、なぜ、どのようにして上海での戦争（上海事変）が起こった

のかを説明しないと、戦争拡大の真相は全く見えてきません。

通州事件の勃発

　停戦協定破りがひどくなり、広安門事件が起こるに至って、7月27日、日本軍は第29軍に開戦を通告しました。

　北京の東20キロメートルほどのところに、通州という町があります。ここは親日的な冀東防共自治政府が置かれていましたが、駐屯していた日本軍が出動したすきを狙って、29日に保安隊3000名が反乱を起こし、日本人居留民257名を惨殺するという事件が起こったのです。当時北支で取材していたアメリカ人ジャーナリストのフレデリック・ヴィンセント・ウイリアムズが「古代から現代までを見渡して最悪の集団屠殺として歴史に記録されるだろう」(『中国の戦争宣伝の内幕』)と書いているように、まさに**猟奇的な市民大虐殺事件**が起こったのです。

　これには日本人は憤激し、各紙こぞって通州の惨状を伝えるとともに、「暴支膺懲！」(暴戻な支那を懲らしめよ！)の声が巻き起こりました。しかし、日本政府は不拡大方針を堅持し続けたばかりか、天皇のご示唆もあって、画期的な和平案(船津和平案)を事件後の8月4日に決定し、これに基づいて8月9日には中国側との第一回の話し合いを行ったのです。ところが、その日の夕方、上海で海軍陸戦隊の大山中尉と斎藤一等水兵が巡視中に惨殺されるという事件が起こったのです。

　『マオ』(ユン・チアン)(注)という20年ほど前に世界十か国で一斉発売された有名な本がありますが、これには大山中尉惨殺は**南京上海防衛司令官の張治中が命令してやらせたこと**である、と明確に書かれています。張治中は隠れ

(注)『マオ誰も知らなかった毛沢東(上・下)』ユン・チアン、ジョン・ハリデイ著、土屋京子訳)日本語版・講談社発行・2005年。

共産党員で、日支紛争を拡大するためにこれを命令したわけです。**和平が実現してしまっては「困る」勢力、すなわち中国共産党が仕組んだ**ことが明らかです。

さらに、その四日後の８月13日、上海の非武装地帯に潜入していた３万の中国軍正規部隊が、上海で３万人の日本人居留民を守るために駐屯していた海軍陸戦隊4500に対して、一斉攻撃を仕掛けてきたのです。しかも、15日には国家総動員法を発令し、全面戦争体制を中国は敷いたのです。

つまり、**通州事件という許すことのできない暴挙にたいして、日本政府は超自制的にふるまったばかりか、画期的な和平提案を行ったのに対して、大山中尉惨殺事件、そして海軍陸戦隊に対する一斉攻撃を以て、日中全面戦争を仕掛けてきたのが、中国なのです。**こうした事実を全く書かないで、「戦争は８月にはシャンハイ（上海）」とまるで自然に拡大して行ったかのように書いていては、小学生は日本軍が突撃して行ったといったイメージを持つようになることは必然でしょう。

そればかりではありません。中国側の一方的な総攻撃に対して日本軍が反撃したにもかかわらず、あたかも日本軍が上海に攻め込んだかのような印象を与える写真を掲載し、次のようなキャプションをつけているのです。

★「シャンハイ（上海）に攻め込む日本軍」（日本教育出版）
★「シャンハイに攻め入る日本軍兵士たち」（文教出版）

こんな写真（それぞれ、207ページと200ページに載っていますが、ここでコピーを載せられないのが残念です）をこんな見出しで見せられれば、日本軍は残虐にも中国侵略を行ったというイメージを小学生の時から頭に刷り込まれてしまうでしょう。

いずれにしても、一方的に全面攻撃をかけてきたのは中国軍であり、上海の日本人居留民は、通州事件のような虐殺の危機にあったのです。そのことを一切触れないとはおかしなことです。

　当時、欧米の新聞は中国に同情的で反日的な報道を行っていましたが、その代表格のニューヨーク・タイムズですら、8月31日付けの紙面で次のように報じているのです。

> 上海における軍事衝突を回避する試みによりここで開催された様々な会議に参加した多くの外国政府の代表や外国のオブザーバーたちは皆、以下の点に同意するだろう。日本は敵の挑発の下で最大限の忍耐を示した。日本軍は居留民の生命財産を多少危険にさらしても、増援部隊を上陸後数日の間、兵営の中から一歩も外出させなかったのである。

　詳しく書くスペースはないでしょうが、「日本は不拡大方針を貫き画期的な和平案を出しましたが‥‥」くらいのことは書かないとおかしいのではないでしょうか。もっとも、日本の歴史学界でも、日本侵略者論が大手を振ってまかり通っていますので、教科書の執筆者も「日本は侵略をした」という思い込みを以て、教科書執筆をしているのでしょう。また、文科省は検定でそれを見過ごして、というより認めているのです。誠に以て困ったことです。

第2章

南京事件

南京事件なるものは東京裁判で
日本側の反論がほとんど許されない中で行われた告発であり
まともな根拠に乏しいものでした

執筆：茂木弘道

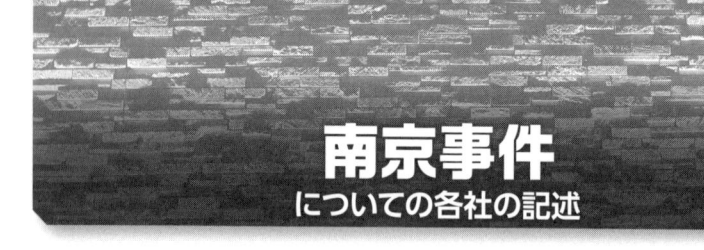

南京事件
についての各社の記述

東京書籍	日本文教出版	教育出版
中国の首都ナンキン（南京）を占領したとき、武器を捨てた兵士や、女性や子供をふくむ多くの中国人が殺害された。	（右の教育出版の記述と全く同じなので省略します）	③ナンキンの占領　日本軍は、占領下ナンキンで、捕虜にした兵士をはじめ、多くの人々の生命を奪いました。（ナンキン事件）。この事件は、外国に報じられ、非難を受けました。第二次大戦後、このできごとについて様々な調査や研究が行われてきましたが、その全体像については、今もなお議論が続けられています。（写真入り）★

> 文章の長さからして違いますね

> 各社の考え方の違いが現れています

突然よみがえった南京事件

　日本が過去の戦争で残虐な国際法違反を行った代表的な事例として、反日勢力、特に最近は中国が大々的に取り上げているのがいわゆる南京虐殺です。しかし、南京事件なるものは、**東京裁判で日本側の反論がほとんど許されない中で行われた告発であり、極めてまともな根拠に乏しいもの**でした。そのためでしょう、占領期間中は、占領軍の指示で国定教科書に南京事件のことが記載されていたのですが、独立回復後現在の検定制度の下、自由に各社が出す教科書からは「南京事件」なるものは消えているのです。本気で信じていた日本人がほとんどいなかったからでしょう。

　ところが、昭和50（1975）年に中学校の歴史教科書に南京事件が亡霊のようによみがえったのです。**朝日新聞の本多勝一記者が、南京事件を大々的に取り上げた連載記事「中国の旅」**（1972年には単行本化しベストセラーになる）の影響でしょう。

　ちなみに本国の中国で中学歴史教科書に南京事件が初めて登場したのは、1979（昭和54）年です。もしいわゆる大虐殺が実際に起こっていたとしたら、新中国が成立してから、30年間も教科書に全く取り上げないなどということがありうるでしょうか？　ふつうは記憶も生々しい時に大きく取り上げるはずです。推定されるのは、本多の南京虐殺論の反響が日本で大きいことを見て、中国政府は「これは反日に活用できる！」と判断して教科書に取り上げ、そしてこれを大々的に宣伝するようになった、というのが真相ではないでしょうか？　このように極めて出自の怪しい南京事件ですが、教科書には冒頭のように書かれています。

　さて、「東京書籍」の記述ですが、「武器を捨てた兵士や女性や子供をふくむ多くの中国人が殺害された」というのは本当でしょうか？

　まず、「武器を捨てた兵士」といいますが、戦闘中に武器を捨てれば自動的に捕虜になれるわけではありません。国際法（ハーグ陸戦隊法規）によれば、次の4つの条件を満たしている場合には、合法戦闘員と認められ、捕虜になる権利を認められると規定されています。

一、部下のために責任を負うものその頭にあること。
二、遠方より認識し得べき固着の特種徴章を有すること。
三、公然兵器を携帯すること。
四、その動作につき戦争の法規慣例を順守すること。

　ただ手をあげれば捕虜になれるわけではないのです。それはそうでしょう。武器を隠し持っていたら、危なくて捕虜になどできません。実は逃げ遅

れた中国兵は、軍服を脱ぎ捨てて、市民の服を奪ったりして市民に成りすまし、一般市民しか入れないことになっている「安全区」に不法潜入したのです。こういう兵士は合法戦闘員とは認められませんので、状況次第で処刑して差し支えないのです。それをこの教科書では日本軍が「不法行為」を行ったかのように書いているわけで、とんでもない「不当教科書」と言わなければなりません。まったく無知丸出しの低レベルのことを書いているのに、文科省がこれを検定で合格させているのは困ったことです。

次に、「女性や子供をふくむ多くの中国人が殺された」というのは本当でしょうか？　南京は丁度山手線の内側くらいの面積で、周りを堅固な城壁で張めぐらされていました。この城壁を突破するための戦闘は10日に始まり、12日には数カ所に突破口が切り開かれました。

すると中国軍は、城内から撤退をはじめ、城内ではほとんど大きな戦闘は行われませんでした。

したがって、**南京戦の中国側の死者のほとんどは城外の複郭防御陣地での戦いや城外に逃走中に発生した**のです。それを証明する資料があります。

それは死者の埋葬記録です。占領後日本軍の特務機関は敗走して行った中国軍の遺棄死体の埋葬を、南京に成立した自治委員会に命じました。自治委員会はこれを「紅卍会」という宗教団体に請け負わせて行いました。特務機関は一体当たり30銭の埋葬料を支給しました。支払いをしますので、埋葬の日時・場所・人数男女、子供など記入した日報を紅卍会に出させました。これを集計したのが埋葬記録で、これは東京裁判で検事側の証拠書類としても提出されています。

▌埋葬記録が語る南京城内の死者

この埋葬記録によると、総数で4万1330体です。これはかなり水増しされた数字であることは特務機関は知っていましたが、自治委員会に対する資

金支援になるので、そのまま受け取っていたということです。実数は3万以下だったようです。それは兎も角、南京戦での中国軍の死者は約4万ということです。ところが、この死者の大半は城外の死者なのです。城内はというと、1793体です。全体のわずか4.3パーセントにすぎません。南京戦は、実質的な戦闘はほとんど城外で行われた、と申し上げましたが、それはこの数字ではっきりと裏付けられます。

ですから、**南京を占領した日本軍が軍民の見境なく殺戮しまくったといったニューヨーク・タイムズなどの記事は全く根拠がないデッチアゲ**であるということです。

さて、この城内の死体のうち女性、子供はどうかというと、なんと女性8体、子供26体です。実質的な戦闘はほとんど城外であったとは言いますが、10日から猛烈な砲撃が行われたわけですから、その一部が居留民区に落ち被害が生じたのは言ってみれば必然であったでしょう。この女性8体、子供26体という数字はそうしたいわばとばっちりの被害者であったと見ることができるでしょう。ですから、「女性や子供をふくむ多くの中国人が殺害された」という教科書記述も根拠ない虚偽記述ということになります。

安全区国際委員会委員のミニー・ヴォートリン（南京金陵女子大学教授）は14日（日本軍入城の2日目）に、同じく委員会のミルズ牧師の車に同乗して教会信者の安全を確かめるために、南京南部の水西門まで出かけたことをヴォートリンの日記『南京事件の日々』（大月書店）に書いています。市内は全く異常がなく、帰り道でヒルクレスト学校付近で死体を一つみただけでした。すさまじい砲撃が前日まで続いていたわけですが、その割には死者は少なかったと感想を書いています。

そもそも入城2日後には、戦闘がほとんどなかったということもこの日記は示しています。

南京は山手線の内側くらいの面積ですので、どこかで戦闘が行われていれば銃弾、砲弾などの音が聞こえるはずで、ヴォートリンは車で南京市内をか

なり回ったにもかかわらず、そんな戦闘があったとは全く書いていません。**つまり南京市内で激烈な戦闘が行われたというイメージは全くの虚偽イメージ**であるということです。

この埋葬記録は、南京市内で日本軍が女性や子供をふくむ中国人を多く殺したという事実は全くなかったということを示しています。いわばこんな大ウソを教科書に載せ、小学生に日本軍は残虐だったというイメージを刷り込むことは絶対に許せることではないと思いますが、皆さんはいかがですか？

以上の説明で、教育出版の「占領下ナンキンで、捕虜にした兵士をはじめ、多くの人々の生命を奪いました。（ナンキン事件）。」という記述も全く根拠のないウソであることをご理解いただけたかと思います。

外国報道は真実を伝えていたのか

では「この事件は、外国に報じられ、非難を受けました。」という点はどうでしょうか？

たしかに、12月18日にニューヨーク・タイムズは、次のような記事を載せています。

> 南京における大規模な虐殺と蛮行により…殺人が頻発し、大規模な略奪、婦女暴行、非戦闘員の殺害…南京は恐怖の巷と化した。

しかし、おかしいと思いませんか？　先ほどミニー・ヴォートリン金陵女子大学教授の日記をご紹介しました。実際に南京で、12月14日に車で見て回った感想と余りにも食い違っているのではないですか？　ニューヨーク・タイムズの記事はダーディン記者が書いているのですが、かれは15日に出港のオアフ号で上海に向かっています。日本軍が入城してから13日、14日くらいしか南京にはいなかったのです。そして14日の南京はヴォートリンが書いているように、市内は全く異常がなかったのです。虚報としか言いよ

うのない記事だったということです。

南京の人口は12月中ずっと20万人で、1月に25万人に増えた

　南京虐殺などということがいかにガセネタであったかお判りいただいたと思いますが、もう一つ南京の人口について知っていただければと思います。

　南京はもともと100万の人口を誇る都市でしたが、戦火が迫るとともに、多くの住民が脱出を始めました。11月28日に王固磐警察長官が、「ここには未だ20万人が住んでいる」と記者発表しました。

　南京に残った外国人（ほとんどはアメリカ人プロテスタント聖職者）が、「国際委員会」を作り、市内の一角を「南京安全区」に設定しました。唐生智南京防衛司令官の命令で、残った市民は安全区に集合させられていました。国際委員会の活動記録は『南京安全地帯の記録』[注3]として上海の英国系出版社（Kelly & Waksh 社）より出版されました。この記録には12月17日、18日、21日、27日に人口20万人と記録されているのです。つまり、国際委員会では虐殺などなかったと認識していたわけです。あれば当然人口が減るはずですが、全くそんな記録は出ていません。さらに、1月14日には25万人に増えているのです。

　この人口動態を示す、準公式数字を覆えせるような「虐殺論」など考えられますか？　いくら空想力豊でもそれは無理、というのが南京の実情だったのです。

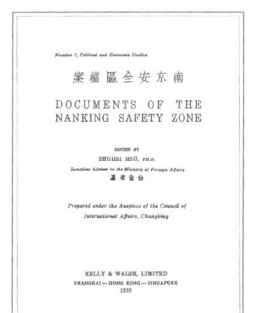

　最後にニセ写真のことを申し上げておきましょう。南京虐殺本にはその証拠とばかり、「虐殺写真」がよく載っています。しかし、そうした写真で南京虐殺を証明できる写真は実は皆無です。ゼロです。なかったのですからゼロに決まってます。それを立証

（注3）『南京安全地帯の記録』（日本語訳はこうなっている）（冨澤繁信訳。展転社）"Documents of the Nanking Safety Zone" edited by Shushi Hsu, Kelly and Walsh Limited, Shang Hai,1939.

した本があります。

『南京事件「証拠写真」を検証する』(東中野修道・小林進・福永慎次郎)(草思社)です。

　掲載されている写真、ダブリを除くと百四十三枚となりますが、そのどれも南京虐殺を示すものではない、つまりプロパガンダ写真であることを実証しているのです。

　写真といえば、日本の新聞記者・カメラマンの写真こそが南京の真実を証明してくれます。

　なにしろ、150名もの記者、カメラマンが日本軍の入城の後を追って、南京に入り、写真を撮り、取材しまくっていたのです。例えば、朝日新聞ですが、南京に50名もの記者 ・カメラマンを送り込んでいました。そして、12月20日から、組み写真の特集を1月13日まで、6回にわたって連載しています。「平和甦る南京」こそ真の南京の姿でした。17日には、露店が出ており、町の床屋が営業しています。南京虐殺のかげなどどこにもありません。

　つまり、実際にはありもしない戦争プロパガンダを、わざわざ小学校の教科書にもっともらしく載せるなどということをやっているのは絶対に許せないことです。こんな教科書を検定パスさせる文科省に皆さん是非抗議を行ってください。

朝日新聞が6回にわたって連載した日本軍南京入城後を撮影した組み写真の1回目、12月20日号（12月17日、河村特派員撮影）。

第3章

朝鮮統治

日韓併合は、日本人と韓国人が
白人国家の侵略から生き残るためにやむを得ず選んだ、
ぎりぎりの「マイナスの選択」だったのです

執筆：**松木國俊**

日韓併合
についての各社の記述

東京書籍	日本文教出版	教育出版
日露戦争で勝利した日本は、1910年に人々の抵抗を軍隊でおさえ、朝鮮（韓国）を併合しました（韓国併合）。	日露戦争後、日本は、韓国で対する支配を強め、外交や政治の実権をにぎりました。これに対して韓国では、日本の支配に反対する人々が、各地で激しい抵抗運動を起こしました。日本は1910（明治43年）、ついに韓国を併合して朝鮮とし、植民地にしました。	本文：日本は日露戦争で朝鮮（韓国）に軍隊を送り、戦後は外交や政治の実権を握るなどして、支配を強めました。そして1910（明治43）年、朝鮮を併合し、植民地にしました。 解説：他国の力で、政治の主権を奪われ、一方的に支配される国や地域を、植民地といいます。欧米の国々や日本は、植民地で資源を得たり物を売ったりして、利益をあげました。

朝鮮を武力で植民地にしたという「嘘」

　朝鮮や台湾の日本統治時代に関わる記述を見ると、**幼い心に韓国・朝鮮人・台湾人に対する「贖罪意識」を植え付けるための「嘘」**ばかりが、子供向けの簡潔な表現で羅列されています。その**史実を極端に捻じ曲げた余りの偏向**ぶりに、筆者は目眩さえ覚えました。

　本項では、主として朝鮮統治に関する各教科書の記述内容を項目ごとに引用し、それぞれの「嘘」を具体的に指摘して参ります。さらに真実の歴史がどうであったかを、子供たちにも理解できるように、出来るだけわかりやすく説明したいと思います。

　まず「日韓併合」に至る経緯について各社はどう書いているでしょうか。

　冒頭に引用しましたように、各社とも日本が力づくで朝鮮という国を併合し「植民地」にしたように書いています。しかし、これらは史実と全く異なっています。**日本は欧米列強がアジア・アフリカ諸国に対して行ったような「植民地支配」を朝鮮に対して行ったのではありません。朝鮮の人々は日本と併合して「日本国民」になったのです。**彼らは基本的に日本人と同等の地位にありました。したがって、「朝鮮を併合し、植民地にしました」（教育出版）は記述そのものが誤りです。

　ではなぜ日本と韓国は併合したのでしょう。その理由を理解するには、李氏朝鮮時代の実態を知ることから始めねばなりません。

盤石に作られた朝鮮の身分制度

　500年ほど続いた李氏朝鮮時代では、インドのカースト制も顔負けの厳格な身分制度が敷かれていました。

　最上位の王族と、次の貴族階級である両班までが支配階級であり、その下に中人（技術を有し、行政の実務を担当するもの）、常民（農工商に従事し税金を全面的に負担するもの）と続き、一番下に国家や個人に隷属する奴婢としての賤民階級がありました。さらに賤民の中にも階層があり、最下層は白丁と呼ばれていました。

　中人や常民が両班に出会うと平身低頭の姿勢をとらねばならず、両班は常民の妻や財産をいつでも奪うことが出来ました。農民はいくら作物を作っても税金として収奪されるだけなので、生産する意欲をなくしており、奴婢に至っては家畜同然に扱われ、生かそうが殺そうが主人の意のままでした。

　このように緻密で堅固に出来上がった体制の中で、上の階級の者は下の階級の人々を蔑み、行動を監視する仕組みになっており、弱者が立ち上がる余地はほとんどなかったのです。

　李氏朝鮮が発足した14世紀末の人口が約750万人であり、李朝末期の19

📎 イザベラ・バード『朝鮮紀行』で描写された首都・漢城（ソウル）の様子

> ソウルを描写するのは勘弁して頂きたい（中略）推定25万人の住民は迷路のような横丁の「地べた」で暮らしている。迷路の多くは荷牛と人間ならかろうじてすれちがえる程度の幅しかなく、おまけにその幅は家々から出た個体か液体の汚物を受ける穴か溝でさらに狭くなる。悪臭がぷんぷんのその穴や溝の横に好んで集まるのが、土の埃で汚れた半裸の子供たち、犬は汚物の中で転げまわり、（中略）ふたのない広い水路をくらくよどんだ水が、排泄物やゴミの間を悪臭を漂わせながら、ゆっくりと流れてゆく。水ならぬ混合物をひしゃくで手桶にくんだり、小川ならぬ水たまりで洗濯している女の姿（以下略）

世紀半ばの人口は770万人です。世界の人口は同じ期間で約3倍に増えており、その数字を見るだけでも李氏朝鮮時代に庶民がいかに過酷な生活を強いられていたかが明らかでしょう。

ソウルの街並みと人々の生活

次に当時の人々の生活状況について見てみましょう。李氏朝鮮末期に朝鮮を訪れたイギリス人旅行家イザベラ・バードは『朝鮮紀行』の中で庶民の不衛生で悲惨極まる日常を上記のように生々しく記しています。

李氏朝鮮最大の都市でさえもこのような状況です。他の地域については推して知るべきでしょう。

以上の通り、李氏朝鮮時代は韓流ドラマで描かれた牧歌的で平和な社会とはかけ離れた暗黒の時代でした。

自ら近代化できなかった李氏朝鮮

19世紀末の李氏朝鮮は完全な清の属国であり、儒教思想にどっぷりと浸かった「古代国家体制」の国でした。日清戦争で日本が勝利したことで、韓

📖 李朝末期における「資本主義の萌芽」とは（カーター・J・エッカート）

> 彼らのいう国内の経済的変化が李朝社会の基本的構造を変えたとう明白な証拠はない。それどころか最も信頼性の高い証拠は全く逆の結論を示している。つまり李朝社会は最後の最後まで少数の特権階級である閔一族のような地主によって支配されていたということだ。歴史的に見て資本主義の萌芽が李朝にあったという事実が重要になるのは偏狭なナショナリズムを正当化するときだけである。そのような偏狭な考え方が第三者の興味をそそるはずがなく、朝鮮の歴史とも関係がない。

国はようやく清の軛から解き放たれて独立した国家となり、1897年には国号も日本や中国と同等であることを示す「大韓帝国」（以下「韓国」）に変えることができました。

　しかしながら、**当時の韓国の力では自ら近代国家体制に脱皮することは到底不可能だった**のです。

　韓国では李朝時代には資本主義の萌芽があり、日本がそれを潰したという議論がありますが、ハーバード大学教授で朝鮮史の専門家であるカーター・J・エッカートは『日本帝国の申し子』（草思社）の中で、上記のように指摘しています。

　では、朝鮮が自ら近代化を遂げることは不可能だった理由をここで整理してみます。

　（イ）李朝の強固な身分制度を自ら打破することは不可能だった。

　（ロ）資本の蓄積もなく、資本主義の萌芽もなかった。

　（ハ）発展性のある大規模な市場が国内になかった。

　（ニ）近代資本主義に不可欠な工業技術が全くなかった。

　（ホ）港湾、道路、鉄道などのインフラを整備するための資金がなかった。

　（ヘ）近代化を進めるための人材が決定的に不足していた。

こういった絶望的状況にあっても、大部分の朝鮮の人たちは近代化を望んでいたはずです。

「20世紀初頭において朝鮮半島は近代化する必要がなかったか？」と現在の韓国人に問えば答えは「ノー」でしょう。ならば外国に全面的に支援を仰ぐか、あるいは外国の一部になってでも（現代でいえばアメリカの一州になってでも）近代化を達成する以外に道はありません。

しかし欧米列強、特に南下政策を採るロシアは朝鮮半島の植民地化を狙っています。頼るべき国は日本しかありませんでした。

朝鮮内部で起きた日韓併合運動

朝鮮半島がロシアの支配下に入れば、日本の独立も危なくなります。太平洋進出を目指すロシアは、次に日本列島を呑み込もうとするでしょう。日本人はロシアの極東侵略に対して国運をかけて立ち上がり、明治37（1904）年2月に日露戦争が勃発しました。

韓国の近代化と安定は日本の安全にとっても不可欠であり、日韓は同年8月に第一次日韓協約を結び、日本から韓国に外交及び財政顧問を派遣することとなりました。

日露戦争集結後、明治38（1905）年11月、両国は第二次日韓協約を締結し、韓国は日本の保護国となりました。当時は先進国家が途上国を保護国として、その近代化を支援することは一般的に行われていたことであり、世界の国々も韓国の保護国化を認めました。

しかし日本の保護国となってからも、韓国の近代化は遅々として進みません。政府高官の間では汚職・賄賂が横行し、人民は相変わらず飢えに苦しんでいました。

東学党の流れをくむ李容九は1904年に「一進会」を結成し、日本との一体化こそが国を救う道であると朝鮮民衆に説きました。一進会は当時の韓国

における最大の政治団体であり、日露戦争では韓国政府が全く動かない中で、弾薬や糧秣の搬送、敵情視察、鉄道建設など日本軍に積極的に協力してくれたのです。彼らの協力がなければ日本は日露戦争を戦うことが出来なかったのが歴史的事実です。

　李容九は1909年に一進会100万人会員の名前で全国民に訴える合邦声明書を発表、さらに韓国皇帝に対する上奏文、曽彌荒助統監、李完用首相に対し「日韓合邦」の請願書を提出しました。日韓が合わさって一つの国を形成しようという動きは、こうして韓国側で始まったのです。

日韓併合に反対した伊藤博文と政府官僚

　これに対して、曽根荒助統監はじめ日本側は難色を示しました。特に初代統監を務め、明治政府の重鎮であった伊藤博文は強硬な日韓併合反対論者でした。彼は保護国となった韓国の初代統監となった時点で、「**日本は韓国を合邦する必要はない。合邦ははなはだやっかいである**」と語っており、韓国はいずれ日本の保護下を離れて自立すべきだと考えていました。

　政府内部にも財政難を理由に併合に反対する意見がかなりありました。1906年に韓国政府に初めて作らせた国家予算では、税収は748万円しかなく、近代化を進めるために必要な年間3000万円との差額は、明治40（1907）年に日韓が締結した第三次日韓協約により日本政府が援助しました。

　しかし朝鮮を併合すればそれどころではありません。日露戦争時に外国から借りた膨大な戦費を返済しなければならず、そこに人口が1300万人もいる「古代国家」の韓国を丸抱えすれば、日本自体が潰れる恐れさえありました。

　ところが1909年10月、伊藤博文はハルピン駅頭で安重根によって暗殺されました。これは日本人にとって大きなショックでした。「政情がこれほど不安定であれば再びロシアが手を伸ばしてくる恐れがある、どれだけコス

トがかかろうと併合やむなし」という危機感が日本国内で一気に高まりました。伊藤博文暗殺が日韓併合を最終的に決定づけたのです。

そして1910年8月に日韓は「**韓国併合ニ関スル条約**」を締結し、日韓併合が実現しました。

イングランドとスコットランドが併合したのと同様であり、世界中がこれを承認しています。

日韓併合は「マイナスの選択」だった

20世紀初頭の世界は弱肉強食の時代であり、近代化できない有色人国家は白人の植民地になる以外にありません。しかしながら韓国では、王族も両班も自らの特権を放棄してまで近代化に取り組もうとしはしませんでした。そもそも当時の韓国には近代国家を形成するために必要な人・モノ・カネ・インフラ・技術の全てが決定的に欠けており、自ら近代化することが不可能だったことは既に述べた通りです。

このような状況の中で、韓国政府は「**もはや日本と一緒になるしか国民を救う道はない**」と最終的に苦渋の決断を下し、皇帝の純宗もそれを受け入れたのです。

このとき日韓併合を決めた李完用首相は次ページのようにその思いを語っています。

片や日本は莫大な負担を強いられることになりました。実際に保護国時代及び日韓併合時代に日本政府が朝鮮半島の近代化のためにつぎ込んだお金は額面で約21億円であり、1円を平均1万円とすれば、現在の価値で21兆円です。**これを日本人のために使っていれば、昭和の大不況で苦しみ、東北地方では娘を身売りするような悲劇も起きなかったかも知れません。**

日本の民間企業も朝鮮半島に莫大な投資を行いました。日韓併合時代に推定約百億円の資金を注ぎ込んで鉱山を開発し巨大なダムをつくり近代的工場

日韓併合を決めた韓国・李完用首相の思い

「現在の朝鮮の力量をもってすれば、とても独立国家としての対面を保つことはできない。亡国は必至である。亡国を救う道は併合しかない。そして併合相手は日本しかない。欧米人は朝鮮人を犬か豚のように思っているが、日本は違う。日本は日本流の道徳を振り回してうるさく小言をいうのは気に入らないが、これは朝鮮人を同類視しているからである。そして日本は朝鮮人を導き、世界人類の文明に参加させてくれる唯一の適任者である。それ以外に我が朝鮮民族が豚の境遇から脱して、人間としての幸福を得られる道はない」

（李成玉（朝鮮時代全権公使としてアメリカに赴任）著『李完用候の心事と日韓和合』より）

を各地に建設しました。[注1] 1円を1万円として100兆円となります。その結果、韓国が急速に近代化したのは周知の事実です。

　以上、「日韓併合」に至った過程を見て参りました。「日本が軍事力で韓国を植民地にして収奪した」と書いている小学校の歴史教科書がいかに事実を歪曲しているか読者の皆様も感じ取られたと思います。

　日韓併合を歴史の大局から見るならば、日本人と韓国人が白人国家の侵略から生き残るためにやむを得ず選んだ、ぎりぎりの「マイナスの選択」だったのです。

（注1）李大根著・黒田勝弘監訳『帰属財産研究』（文芸春秋）249ページ

東京書籍	日本文教出版	教育出版
植民地とされた朝鮮の学校では、日本語の教育が始められた一方、朝鮮の歴史を教えることは厳しく制限されました。	植民地とされた朝鮮の学校では、日本語や日本の歴史の授業がおこなわれるなど、朝鮮独自の教育をおこなうことがむずかしくなりました。	朝鮮では、朝鮮の人々を日本の国民とする政策が進められました。学校では教育勅語にもとづく教育が行われ、日本語が国語として教えられました。

朝鮮総督府がハングルと朝鮮標準語を広めた

　上記の通り、東京書籍や文教出版は、日本統治下で朝鮮の子供たちが日本語を強要され、朝鮮の歴史は教えられていないように書いています。また、各社とも朝鮮語の授業は行われていないかのように記述しています。（東京書籍の冒頭分にある「植民地とされた朝鮮」が誤りであることは、既に前項にて指摘した通りです）しかし、実態は正反対でした。

　朝鮮語の文字であるハングルは、15世紀に李朝第四代世宗が学者を集めて作らせたと言われていますが、当初より諺文（漢字より低級な文字）として忌み嫌われ、公文書では一切使われませんでした。李朝時代の学者はハングルで書かれた文章を読むことさえ屈辱だと思っていたのです。それどころか第10代燕山君は、朝鮮が独自の文字を作ることは宗主国（当時は明）への反逆を意味すると考えて、この使用を禁止しています。

　そのような**捨てられた文字**を、**朝鮮総督府は取り上げて「朝鮮の文字」として尊重**しました。

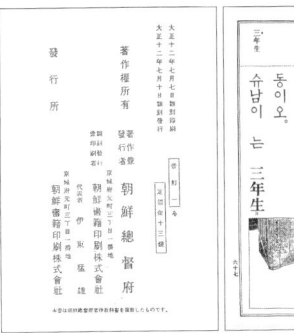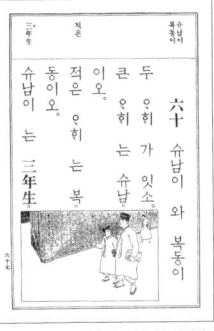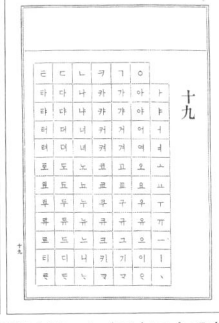

資料1 大正12年朝鮮総督府発行『普通学校朝鮮語読本巻一』（国立国会図書館蔵）

　ただし李朝末期のハングルは規則性に乏しく、文字種も不統一で文字とし
ての体系を成していませんでした。

　そこで朝鮮総督府は、日本と朝鮮の学者を集めて、1911年7月に「諺文
綴字法研究会」を発足させ、「普通学校用諺文綴法」を決定し、普通学校
（朝鮮語を常用語とする子供たちのための小学校）を通してハングルを朝鮮
全土に広めました。

　さらに朝鮮総督府は、ソウル及びその近郊で話されている言葉を標準語と
定め、学校教育を通し全土にこれを広めました。現在の韓国語はこのときに
成立したのです。

　ハングル及び朝鮮語を科学的に体系化した中心人物は、言語学者の金沢
庄三郎と小倉進平であり、小倉はその功績により1943年に朝鮮総督府より
「朝鮮文化功労章」を受賞しています。

　資料1は大正12年朝鮮総督府発行の普通学校の教科書「朝鮮語読本巻
一」です。朝鮮総督府がハングルを韓国全土に広めた事実が一目瞭然です。

▎朝鮮語廃止を主張した朝鮮の知識人

　1938年に教育法が改正され、日本と同じ学校制度となりました。これに
ともなって朝鮮語が必修科目から選択科目となり、1941年からは朝鮮の

科目そのものがなくなりました。

　1938年は日中戦争（支那事変）が本格化した年であり、1941年には米英との戦いが始まりました。内地の日本人が死にもの狂いで戦っているときに、朝鮮総督府としても朝鮮語教育に力をいれる余裕が一時的になくなったのもしかたのないことです。

　しかしそれだけではありません。朝鮮人も日本国民の一員として大東亜戦争を日本人と共に戦うという決意が朝鮮半島中に漲っていました。（70頁に詳しく述べています）そのためには一刻も早く日本語を習得する必要があり、学校での朝鮮語の授業が選択制となり、さらに廃止されたのはむしろ自然であると多くの朝鮮の人々が受け取っていました。

　このような状況の中で、韓国の知識人の中には「朝鮮語の廃止」を唱える人々も大勢いました。

　『朝鮮人の進むべき道』の著者玄永燮（ヒョンヨンソプ）は、**「学校で朝鮮語を教える必要はいささかもない」**と主張し、国民精神総動員朝鮮連盟の常務理事として南次郎総督に会い、朝鮮語の全廃を提案しました。しかし南総督は「**朝鮮語を廃止するのはよくない。**この国語（日本語）普及運動も朝鮮語廃止運動に誤解されることがあるくらいであるから、それは出来ない相談である」といってこれを拒否しています。（杉本幹夫著『「植民地朝鮮」の研究』展転社）

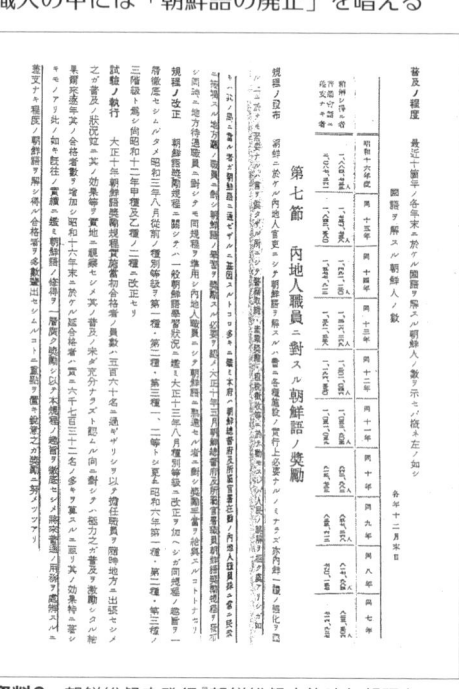

資料2　朝鮮総督府発行『朝鮮総督府施政年報昭和16年版』（国立国会図書館蔵）

朝鮮語を勉強していた日本人職員

朝鮮総督府が朝鮮半島における日本語の普及に力を入れていたことは事実です。これをもって各社の小学校用教科書には、朝鮮総督府が日本語を強制し、朝鮮語を奪ったように書いています。しかし、当時日本と朝鮮は一つの国家であり、同じ国民同士で言葉が通じないと国が成り立ちません。そこで日本語を「国民の共通語」として朝鮮半島に普及させたのが実態です。

中国政府が共通語として北京語を全土に普及させているのと、全く同じことです。

では結果的にどれだけの人が日本語を話せたのでしょうか。**資料2**の朝鮮総督府施政年報昭和16年版によれば、昭和16年末現在「わずかに解しえるもの」及び「普通会話に差し支えなき者」合わせて約390万人であり、これは当時の朝鮮の人口の16パーセントに過ぎませんでした（しかも彼らは全てバイリンガルです）。さらに同年報には「内地人に対する朝鮮語の奨励」なる項目があり、次のような記述があります。

「朝鮮語の修得を一層広く奨励し、以って本規程の趣旨を徹底せしめ将来普通の用務を處辦するに差し支えなき程度の朝鮮語を解し得る合格者を多数輩出せしむることに重点を置き、鋭意之が奨励に努めつつあり」

このように昭和16年末の時点でさえ、朝鮮語が出来なければ日本人職員は仕事ができず、朝鮮総督府は日本人職員に朝鮮語の習得を奨励していたのです。

朝鮮の歴史もしっかり教えていた

東京書籍の「朝鮮の歴史は教えられず」という記述も全くの「デタラメ」です。**資料3**を見て下さい。

資料3 朝鮮総督府大正十三年発行『朝鮮語読本巻五』（国立国会図書館蔵）

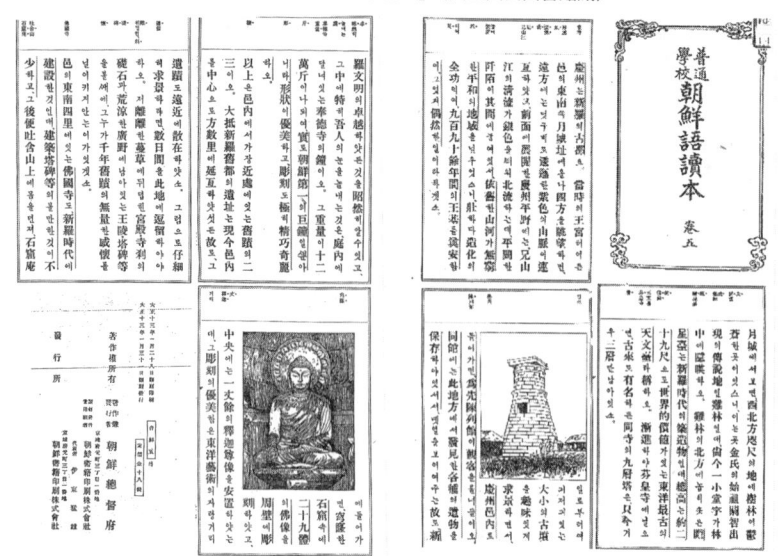

(主な内容)「慶州は新羅の古い都（中略）山河は無窮の平和の地域をなし（中略）九百九十余年間の王国の首都として栄えたのは偶然の事ではない」「瞻星臺（ちょそんで）は新羅時代の構造物で総高は29尺に達し、世界的価値がある天文台」「新羅文明の卓越した様子が明らかに分かる」

　このように新羅文明の素晴らしさを朝鮮語で教えているのです。さらに大正十二年の新教育令では、**朝鮮史の記述を一層充実させるよう指示**があり、は同年発行の朝鮮総督府発行『普通学校国史教授参考書（朝鮮事歴教材）』には「朝鮮関係事項は朝鮮半島變遷の大要を知らしむるに稍不足なるを以て、各巻中に特に朝鮮事歴の教材を加えたり」と書かれており、新たに追加された項目が列記されています。

　朝鮮総督府は朝鮮の子供たちに自文化への誇りを持てるよう、涙ぐましい努力をしていました。東京書籍は「朝鮮の歴史を教えることは厳しく制限されました」などよくも書けたものだと呆れるばかりです。

　以上が韓国における国語・国史教育の実態でした。現在の小学校の教科書がいかに偏向しているかが、ここでもよくお分かりになると思います。

朝鮮における
土地調査事業
についての各社の記述

東京書籍	日本文教出版	教育出版
土地の制度が変えられて、土地を失った人々が日本人地主の小作人になったり仕事を求めて日本などへ移住したりしました。	朝鮮の人々のなかには、日本がおこなった土地調査により、土地を失う人もたくさんいました。そのために仕事を求めて日本や満州に移り住む人がいました。	（特に記述なし）

土地調査事業に関する「嘘」

　各社の教科書には、まるで日本人が朝鮮人からむやみに土地を奪ったように書いてあります。冗談ではありません。**日本が行った土地調査は、朝鮮の近代化のために不可欠な事業であり、法律に基づく「公正な調査」**でした。『朝鮮総督府施政二十五年史』には土地調査の目的が次ページ別掲のようにはっきりと書いてあります。

　李氏朝鮮時代は土地は基本的に国王のものとされていましたが、土地の収租権（年貢をとる権利）を持っている支配階級と、土地の耕作権を持つ農民は共に土地を「所有」していると考えており、所有権の概念があいまいなために、土地を巡る争いは絶えませんでした。

　このように土地が一体誰のものであるかわからない状態では、土地に対して公平な課税を行うことはもちろん、土地の売買すら満足にできません。他人の土地を自分のものだと偽って売る不動産詐欺など日常茶飯事でした。朝鮮の土地管理は豊臣秀吉が行った「太閤検地」以前の状態であり、これでは

『朝鮮総督府施政二十五年史』(国立国会図書館蔵)の記載

●土地調査の目的	●調査当時の土地管理の実態
明治43（1910）年8月法律第七号を以て土地調査法を公布し、ここに初めて該事業の成立を見るに至ったのである。抑々土地調査は地税の負担を公平にし、地籍を明らかにして其の所有権を確立し、その売買譲渡を簡捷確実にして以て土地の改良及び利用を自由にし、かつその生産力を増進せしめんとするものである。	朝鮮の土地に関する制度は数百年来頗る素乱を極め、土地紛争の多きことは　他の類例を見ざるのみならず、その紛争が数十年もしくは数百年の久しきに亘るものも少なくなく事実関係の錯綜紛糾せること内地及び台湾等には見られざる所である。

近代国家を建設することは到底できませんでした。

　そこで朝鮮総督府は1910年より8年をかけて、近代的測量技術を使って朝鮮半島で土地調査を行いました。

朝鮮人同士の土地争い

　土地調査の結果、従来270万町歩と言われていた耕地が、実際には487万町歩にも上ることが明らかになりました。なんと耕地全体の45パーセントが当時の貴族階級であった両班らによって隠匿されていたのです。

　土地の所有者を確定するのは大変な作業でした。明るみに出ていた270万町歩の耕地でも所有権があいまいな場合が多く、まして隠匿耕地となると一体どの土地が誰のものかわかりません。郡守（地方の官吏）側にも満足な資料がなく、年貢で苦しめられた農民が逃げ出し、その土地をほかの農民が耕作して勝手に売買したりして、もうメチャクチャの状態でした。

　この当時の様子も、別掲の通り記載されています。

　所有権の査定は法律に基づいて臨時土地調査局長が行いましたが、隠匿耕地が見つかって脱税という既得権益を失った者、農地を両班に取り上げられ

た者、長年の土地争いに負けた者などからの不満が続出し、一回の査定で甘んじる者はなかなかいませんでした。

　不服のある者は期限内に不服申し立てを行い、さらに裁決に対して再審議申し立てをすることを可能とする法律が整備され、1920年までの不服申し立ては2万件以上におよびました。

　臨時土地調査局は数百年にさかのぼって故事来歴を調べるなど、パニックになるほど大変だったようです。しかしこれは朝鮮人同士の問題であって、もちろん日本人が土地を奪ったのではありません。

所有者不明で国有化された土地は2.5パーセント

　土地調査終了の4年後である1922年時点で朝鮮半島における国有地及び日本人の個人及び法人が所有していた土地（当然合法的に取得したもの）は合わせて25万5000町歩であり、全耕地面積の6パーセントにすぎません。（『朝鮮における内地人』朝鮮総督府大正13年発行）

　朝鮮総督府が接収して国有地とした土地（李朝時代の国有地を引き継いだもの及び所有者不明で国有地となったもの）は耕地全体の2.5パーセントでした。しかも、その2.5パーセントの土地も、従来からそこで耕作していた小作人（縁故小作人）に安価で売却され、1924年までに全て処分されています。

　農民たちは自分の土地が測量されて地籍に上がるのを見て、土地測量事業に喜んで積極的に協力しました。ただし、調査の結果土地の所有権が登記上で明確になった朝鮮農民の中には、一時の利益に目がくらみ、祖先伝来の土地を売ろうとするものも多数ありました。

　一方「一攫千金」を夢見る日本人が大挙朝鮮にやってきました。当時の寺内総督はこのような一旗組によって朝鮮の土地が買いたたかれては朝鮮にとって百害あっても一利なしとし、彼等をいかに放逐するかに苦心しました。

朝鮮農家が日本人に土地を売るとの情報をつかむと、駐在所の警官を派遣して、日本人には土地を売らないよう説得させました。

　そこまで**朝鮮総督府は土地に関して朝鮮人の利益を守ろうとしていたので**す。

土地調査で近代化の基礎が完成した

　この土地調査には8年以上の月日を費やし、かかった費用は2000万円以上に上りました。当時の1円を今の1万円とすれば、現在の価値で2000億円以上になります。それは全て内地の日本人が収めた税金から支出されています。

　その結果、李朝時代の官僚や地主による税金の横領がなくなり、農民は権力からの苛斂誅求から解放されました。さらに農家戸数約270万戸とされている中で、農民170万人の土地所有が認められ、多くの自作農が誕生しました。（杉本幹夫『植民地朝鮮の研究』展転社）

　地籍図、土地台帳および登記簿という不動産行政のための三大基本公簿も整い、朝鮮が近代的国家として発展する基礎がここに出来上がったのです。「日本がおこなった土地調査により、土地を失う人もたくさんいました」と小学生の教科書に書いてあるのがいかに歴史を歪曲したものであるかお判りでしょう。

朝鮮独立運動
についての各社の記述

東京書籍	日本文教出版	教育出版
こうした状況に対し、朝鮮の人々は粘り強く独立運動を続けました。	1919（大正8年）3月、朝鮮の独立を目ざす人々のあいだで、大きな抵抗運動がおこりました。日本はこの運動をおさえましたが、その後も独立運動はつづけられました。	朝鮮の独立を目ざす人々は、日本の支配に反対する運動を粘り強く続けていきました。

世界の独立運動と違いはあるのかな？

朝鮮独立運動をめぐる「嘘」

　小学校の教科書には上記のように、日本統治期間を通して、あたかも朝鮮人の多くが日本からの独立を望み、独立運動をやったかのように書いてあります。

　しかし「日韓併合」は日韓が弱肉強食の世界の中で生き残るための選択であり、朝鮮最大の政治団体である一進会も、当時の李完用首相も、併合を推進したのは前述の通りです。もちろん、それに反対する小さな団体はいくつかありましたが、人々の支持をえることはなく、併合後に消滅しています。そして後に述べますように、朝鮮の人たちには「日本国民」としての意識が定着していきました。

　日本統治期間中に朝鮮半島内部で起きた大きな反日運動は、日本文教出版が「大きな抵抗運動」と書いている1919年に起きた「三一運動」のみです。

ではそれの実態はどのようなものであったかを検証してみましょう。

「三一運動」は暴動だった

　三一運動とは、第一次大戦後、アメリカ合衆国ウィルソン大統領が打ち出した民族自決思想に在日朝鮮人留学生が刺激され、1919年2月東京で決起集会を開き独立要求書を日本政府に提出しようとしたことが発端でした。ただし、そのウィルソンは第一次大戦後のパリ講和会議で日本が国際連盟の規約に盛り込むよう提案した「人種差別撤条項」を議長として拒否した張本人でした。もともと彼は人種差別主義者であり、彼が唱えた民族自決も「白人の民族独立」だったのですが、朝鮮人留学生たちは有色人種も対象であると思い込み、独立要求書を出そうとしたのです。

　この動きはすぐに朝鮮半島にも伝わり、同年3月1日、宗教家33人（天道教代表15人、キリスト教16人、仏教2人）が署名した独立宣言が読み上げられ、非暴力・無抵抗主義を標榜して街頭で「万歳デモ」が行われました。**ところが欧米宣教師たちに反日思想を植え付けられてきた朝鮮人キリスト教徒たちが、破壊活動に走った**ことから様相が一変してしまいました。商人や労働者も加わってデモは瞬く間に全国的暴動に発展し、朝鮮全土で暴徒による破壊、放火、殺人、掠奪が行われるに至りました。

　欧米宣教師の中でも特にアメリカから来たプロテスタント各派は、学校を各地に立てて朝鮮の貴族階級（両班）の子弟に反日意識を刷り込んでいました。有色人種間での反目を利用して白人支配体制を構築する植民地統治の伝統的手法が布教活動にまで及んでいたのです。

　さらに日本主導による近代化の推進で、それまでの特権を奪われつつあった両班たちの中には、日本を恨み旧体制への復帰を夢見ているものも多くいました。軍制改革によって職を失った旧軍人たちも反日意識が強く、このような**近代化に反対する反動的不満分子が人々を煽ったために、当初の「朝鮮**

の独立」という旗印は置き去りにされたまま全国的大暴動となったのが実態
です。

　主要都市から地方に広がったこの騒動は、農民たちが武装して村役場、警
察・憲兵事務所、富裕地主等を襲撃するという凶悪な行為へと発展しました。
さらに学校も焼き討ちされ、在鮮日本人は「日本に帰れ」と投石をもって脅
迫されました。まさにテロそのものです。地方の多くの朝鮮人も暴徒を恐れ
て憲兵や警察に保護を求めました。

三一運動を批判した当時の韓国人

　三一運動において一般大衆は過激な暴徒による暴力や放火、略奪の被害者
であり、この運動は決して朝鮮民衆の支持を得たものではありませんでした。
知識階級の中には三一運動を批判した人も大勢いました。

　李朝末期に権力を振るった閔妃の血統に繋がる閔元植もその中の一人です。
彼は高陽の郡守（市長）時代に三一事件に遭遇しており、事件後に「朝鮮騒
擾善後策—鮮民の求るところは斯くの如し」という論文を書いて三一事件の
本質を総括しています。閔元植は三一運動の実態と朝鮮の人々の心情を率直
に語っています。長文なので、その核心部分のみ要約引用し、次ページに掲
載しました。

　このように三一運動の本質を無視して、朝鮮人の「独立運動」と決めつけ
ている日本文教出版の記述は、歴史を捻じ曲げて日本を貶めるものであり、
極めて不適切であると言わざるをえません。

作り上げられた「独立運動」

　日本の教科書はどれも「粘り強く独立運動はつづけられました」という主
旨のことを書いています。ではそれをやったのは一体だれでしょう。考えら

🖊 三一運動を批判した閔元植の論文

　このたびの三一独立運動の近因は、米国大統領ウィルソンの提唱した民族自決主義を、欧州戦争となんら関係のない朝鮮にも適用されるものとする誤解から起こった。もしくは誤解を装うて、ひょっとしたらうまくゆくかもしれないと狙った在外朝鮮人の煽動に由来した。もっと言えば初めから実現できないと知りつつ妄動を企てた感がある。常識的にみれば狂気の沙汰といえよう（中略）

　日本政府は併合以来十年近く朝鮮人の生命財産を保護し、国利民福を向上させる点において用意周到であった。運輸交通、金融機関の整備、農工各種産業の発達等、旧韓国時代の悪政から朝鮮人を解放し、夢想もしなかった恵沢をもたらした。にも拘らず朝鮮人の性情が偏狭・我執に傾いているためか、口では感謝しながら、心では淋しさを感じ、朝鮮人の自尊心を傷つけるなどと思うものが多い。さらに朝鮮人は米国を世界の自由郷、現世の楽園のように思っているものが多い。しかしそこは白人の天国であって、有色人種の人権はほとんど認められない。パリ平和会議で日本が人種差別撤廃を提案したが、オーストラリアのヒュース首相が強硬に反対し、それを真っ先に支持したのはウィルソン大統領ではなかったか。米国の庇護に頼って光栄ある独立が達成できるなど不可能の事である。日本統治下の朝鮮人は、米国に比べて遥かに幸福であることを認識し、穏当な方法によって民権を拡大してゆくことを構ずべきである。

れるのはまず北朝鮮の「金日成神話」があります。金日成将軍が日本軍と戦って百戦百勝して日本からの独立を勝ち取ったというものです。しかしこれは全くの虚構にすぎません。金日成がやったのは**満州から国境を越えて朝鮮の村々を襲撃した**くらいです。それもほとんど日本の警備隊によって撃退されています。朝鮮の村人にも恐れられていた行為が、どうして独立運動になるのでしょう。

　韓国では1932年に上海で「天長節爆弾事件」を起こし、多数の日本人を死傷させた尹奉吉が独立運動の義士とされており、教科書でも彼の「愛国心」を讃えています。

　彼は天皇誕生日を奉祝する行事に爆弾を投げ込み、上海居留民団行政委員

会会長河端貞次（医師）が即死。上海派遣軍司令官　白川義則大将も亡くなりました。戦後外務大臣となった重光葵もこの時片足を失っています。

　この事件は、朝鮮人一般から遊離した反日テロリストが海外で引き起こしたものであり、当時の朝鮮世論もこれを支持していませんでしたが、今では尹奉吉は韓国の英雄となっているのです。

　さらに韓国の教科書には「朝鮮人民は上海に大韓民国臨時政府を樹立し、太平洋戦争が始まると日本に宣戦布告し、大韓民国臨時政府の軍隊だった『光復軍』が連合軍の一員として日本と戦い、朝鮮の解放に貢献した」と海外での独立運動を特に強調しています。

　しかし、大韓民国臨時政府といっても、朝鮮半島の人々が自分たちで選んだわけではありません。ほんの数人の政客が上海に集まって「大韓民国臨時政府」を勝手に名乗ったものであり、一般の朝鮮人はその存在すら知りませんでした。勿論「大韓民国臨時政府」を承認した国は１カ国もありません。もし国際的に認められた政府ならば、終戦と共に政権を樹立できたはずです。

　その「大韓民国臨時政府」と名乗るグループが、中国国内などにいた朝鮮人を数百人集めて光復軍を組織したのは事実ですが、訓練中に戦争はおわり、日本と戦った事実はありません。

　何よりも後述するように、当時朝鮮の人々は「日本帝国臣民」の一員として日本人と共に連合軍と戦っていました。

　このように韓国が主張する「独立運動」とは、戦後に作り上げられた一種の「ファンタジー」といっても過言ではありません。それを日本の歴史教科書の著者たちが真に受けて、あたかも「日本の不当な植民地支配に朝鮮の人々が粘り強く抵抗した」のが事実であるかのように書いて、子供たちに自国への嫌悪感ばかりを植え付けているのです。

創氏改名
についての各社の記述

東京書籍	日本文教出版	教育出版
朝鮮人は姓名を日本式に変えさせられたり、神社に参拝させられたりした。	朝鮮では、朝鮮の人々の姓名を日本式に改めさせたり、神社をつくって参拝させたりする政策をおし進めました。	植民地であった朝鮮の人々に対して、名前を日本式に変えさせたり、日本軍の兵士として、戦地に送り出したりした。

創氏改名の「嘘」

　日本統治期間に朝鮮総督府は、朝鮮人の姓名を奪い日本式の名前に強制的に変えさせたと日本の歴史教科書は教えています。これは昭和15（1940年）に実施された「創氏改名」を取り上げたものであり、今や日本人の多くが「韓国人の姓名を無理やり日本式に変えさせた」と信じているようです。しかしそれは「真っ赤な嘘」なのです。

　実際にどのように教科書に「嘘」が書いてあるか、該当部分を上に引用しました。

　まず最初に指摘すべきことは、**「創氏改名」が行われる前は、朝鮮の人々は日本名を名乗れなかった**ということです。

　日韓が併合した時点で、朝鮮総督府は「朝鮮人の姓名改称に関する件」という法律をつくり、朝鮮人が日本式の苗字や名前を名乗ることを禁じました。当時は日本人の名を騙った朝鮮人による詐欺事件も後を絶たず、警察は不法に日本名を名乗る者の取り締まりに追われていたのです。

　では日本名禁止だったはずの朝鮮人がなぜ日本名を名乗れるようになったのでしょう。

きっかけは**朝鮮人満州開拓団からの強い要望**でした。1930年代には朝鮮から多くの人々が満州に移住して新天地の開拓にあたっていました。しかしこのころの満州では馬賊や匪賊が跋扈し、朝鮮人の開拓村はしばしば彼らのターゲットにされました。

1931年2月には張作霖[注1]の後を継いだ張学良が「鮮人駆逐令」を発令して満州から朝鮮人を追い出しにかかったのです。日本名であれば、中国人や満州人から侮蔑され駆逐されなくて済むのですから、満州在住の朝鮮人から日本人の名前を名乗らせて欲しいとの要望が出てきたのも当然の成り行きでした。

一方、半島の朝鮮人の間でも**「日本式姓名を名乗れないのは朝鮮人への差別である」**との不満が高まって来ました。内鮮（内地人と朝鮮人）差別撤廃に腐心していた朝鮮総督府としても朝鮮人の声を無視できなくなり、なんとか良い方法がないか検討を始めました。

しかし、簡単にはいきません。朝鮮総督府内部でも日本への密航増加や治安上の問題を憂慮した警務部（警察庁に相当）が反対し、すったもんだ3年以上議論の末にようやく昭和14（1939）年に朝鮮戸籍法の改正にこぎつけたのです。

姓はそのまま戸籍に残っている

ではその改正内容はどのようなものだったでしょう。朝鮮総督府ではあくまで朝鮮の文化伝統を尊重する立場から**「姓」をそのまま戸籍簿上に残し、新たにファミリーネームとしての「氏」を戸籍欄に創設**することにしました。「姓」とはあくまで一族の名前であり、朝鮮では男女共に一族の姓を一生名乗るものとされ、女性は結婚しても姓は変わりません。したがって日本のような家族単位の苗字である「氏」を「姓」とは別に設けることにしたのです。

これによって日本名を希望する者は戸籍上の「氏」を日本名にすること

(注1) 張作霖：馬賊の頭目出身であり、軍閥を率いて満洲一帯を支配していた人物。
1928年没後、長男の張学良が支配地を継承。

📋 資料4　『朝鮮総督府施政年報昭和十五年版』の記載

◉創氏後も姓は残された

> 朝鮮戸籍令の改正ありたるも従来の姓及び本貫（一族の祖先の地）は依然としてこれを戸籍簿上に存置することとなしたり。
> （カッコ内は筆者）

◉改名は正当な事由をもって認められた

> 一家創立の場合の外自己の姓以外の姓を氏として用うることを得ざるものと為すと共に氏名は原則としてこれを変更すること得ざるものとし唯正当の事由ある場合に限り裁判所の許可を得て之を変更し得ることとなしたり。

で、朝鮮人も日本式の苗字を名乗れるようになりました。戸籍簿上に「姓」と「氏」の二つが記載されるようにしたのは、**朝鮮人が「姓」を変えることなく合法的に日本式の苗字を持つことが出来る妙案**でした。姓を残した事実は**資料4**にも別掲のように明記されています。

日本名の強制はなかった

「氏」の創設は期間が限られていました。昭和15（1940）年2月11日より半年間に希望する「氏」を登録することしました。**「氏」を日本名にするかどうかは全くの自由**であり、日本名を強制することは全くありませんでした。そのことは『氏制度の解説』（昭和15年2月朝鮮総督府発行）の19頁にも次ページのように明確に書いてあります。

「氏」を登録しない場合は戸籍筆頭者の朝鮮式姓がそのまま「氏」に充当されました。これを「法定創氏」といいます。実際に20パーセントの人々がこれを選んでいます。

　また、それまでは一度戸籍簿に登録した名前を変えることはできませんでした。しかし「下の名前も日本式に変えたい」という要望が多く、これに応えるために朝鮮戸籍法を改正する際に、裁判所に申請し**裁判所が正当な事由**

『氏制度の解説』(昭和15年2月朝鮮総督府発行)の記述

> **第四　内地人式の氏を設けることが強制されて居るのではない。**
> 　この度氏の制度が布かれたのですから何人も氏を設けなければなりませんが（尤も後に説明するやうに従来の姓を氏にも用ふる人は放っておいて良い）必ず内地人式の氏を設けねばならぬことはありません。（中略）各自の好む所にしたがって氏を定め得るのです。内地式の氏を設けるやうに強制されて居るのだと解して居る人があれば、それは誤解です。

と認めた場合に限り、手数料50銭を支払って下の名前を変えることも可能としました。これによって「創氏改名」が実現したのです。これらのことは先に紹介しました**資料4**にも明記されています。

当時の朝鮮人は「日本臣民」となることを希望していた

　韓国側は、自由意思とは言いながら結果的に80パーセントが日本名の「氏」を創設したのは実質的な強制があったからだと主張しています。しかし、朝鮮人が日本名を名乗ることで日本側には何のメリットもなく、むしろ**大方の日本人は姓で日本人と朝鮮人が区別できなくなることに当惑していた**のが実態です。

　この法律が施行されるや、「朝鮮人の願いを聞き入れて頂いた。ご恩に報いるため住民全員が日本名にしよう」という運動が朝鮮のあちこちで起こりました。町や村の議会で「全員日本名とする」ことを決議するケースも続出しました。このような雰囲気の中で、日本名を名乗らないものが朝鮮人の間で非難されることはあったでしょう。

　当時の南次郎朝鮮総督は、この朝鮮人の間で起こった「日本名創氏運動」を深く憂慮し「創氏改名」の主旨が誤解されて日本名の強制がなされることを危惧して、登録期間中三度も「日本名を強制してはならない」という通達

を出しています。

「そうはいっても日本名を名乗らなければ目に見えない不利益を被ったはずだ。これも強制の一種ではないか」とまた韓国は主張するでしょう。しかし、帝国陸軍には洪思翊中将という立派な軍人がいました。終戦時まで朝鮮名を通し、陸軍中将まで上り詰めています。陸軍士官学校を出て帝国軍人になった朝鮮人も多く、彼らの大部分は朝鮮名で通しました。もし強制的な雰囲気があったならとても軍隊内部で朝鮮名を通すことなど出来なかったはずです。さらに当時日本国内では朴春琴氏が朝鮮名のまま衆議院議員として活躍していました。

　朝鮮名が個人の出世の妨げになることはなく、むしろ**堂々と朝鮮名で通す朝鮮人を頼もしいと歓迎する日本人が多かった**のです。スポーツ選手やアーティストの多くも朝鮮名で通しています。崔承喜は「半島の舞姫」として絶大な人気を誇っていました。

　強制もなく、不利益を被ることもない中で、結果的に80パーセントの人々が日本名の「氏」を選択したのは、当時世界5大強国の一つであった日本の名実ともに臣民になることを多くの朝鮮人が望んだことを意味しています。まさにそれこそが「創氏改名」の真実でした。

　小学校歴史教科書の著者に日本人としての自覚と誇りが少しでもがあるなら、しっかりと歴史の真実を勉強してもらわねばなりません。

戦中強制労働
についての各社の記述

東京書籍	日本文教出版	教育出版
戦争が長引き、日本に働き手が少なくなってくると、多数の朝鮮人や中国人が強制的に連れて来られて、工場や鉱山などで酷い条件下で、厳しい労働をさせられました。	戦争が長引いて労働力が不足したため、日本の工場や鉱山などで、多くの朝鮮や中国の人々が働かされました。	国内の労働力不足を補うために、朝鮮や中国から多くの人々を日本に連れてきて、鉱山などで厳しい労働にあたらせた。

高い賃金を求めて多くの朝鮮人がやってきた

各小学校教科書の大東亜戦争期の記述を見ると、どれも「朝鮮人や中国人を強制的に連れて来て酷使した」ということが書かれています。

これらは実態とはかけ離れており、戦後に韓国や北朝鮮、さらに中国が歪曲・捏造した歴史をそのまま書いているに過ぎません。

まず、「朝鮮人を強制的に連れて来た」について見てみましょう。

明治43（1910）年に「日韓併合」が行われて以来、日本本土は朝鮮の貧しい農村の青少年にとって「希望の地」でした。日本で働いてお金を稼ぎ、成功することを夢見て多くの若者が日本への渡航を望んでいました。しかし、十分な教育を受けていない純朴な朝鮮の農民が、日本語も未熟なまま、貧困の身で生存競争の激しい内地へ流入すれば、治安や労務面などで問題が起きるのは必至です。また彼らが安い賃金で働けば、日本人の職が奪われかねません。事実そのようなトラブルが日韓併合当初に発生しています。

そこで戦前の日本政府は、**就職や生活の見通しのない朝鮮人の日本への渡**

航を制限していました。日本への渡航には証明書や戸籍謄本の提出が義務付けられ、釜山など出港地において就職先や滞在費を持たない者の渡航を認めない渡航諭止制度などを設けていたのです。ちなみに大正14（1925）年から昭和13（1938）年まで証明書など所定の条件が不備で出発地元や出発港で渡航を差し止められた朝鮮人は、労働者、家族を含めて89万1000人に上りました。[注1]

「自由募集」と「官斡旋」

ところが昭和12（1937）年に日中戦争が勃発し、多くの日本人男性が戦地へ赴いたことから国内の基幹産業において次第に人手不足が深刻化したため、朝鮮人労働者の日本本土への渡航制限を緩和することとなり、昭和13（1938）年から「自由募集制度」が導入されました。

この制度により、厚生省や朝鮮総督府の認可を受けた企業の担当者が、直接朝鮮半島に出向いて労働者を募集し、応募者は簡単な手続きで内地へ渡航できるようになりました。

ところがこの「自由募集」は事業所が主に炭鉱や鉱山であり、経験のない朝鮮の農民からの応募は予想を下回り、人手不足を解消できるだけの必要な人数を満たすことができませんでした。

そこでこの「自由募集」に代わって昭和17（1942）年から行政を通して募集する「官斡旋」が始まりました。行政が待遇面の保証をしたのです。ところが、「自由募集」や「官斡旋」について、韓国では「実態として強制だった」と主張しています。

特に「官斡旋」については、朝鮮総督府が割り当て数を決め、末端では面長（村長）などの行政圧力があり、「実質的強制だった」というのです。しかし**「官斡旋」も「自由募集」と同じく応募するかどうかは全く本人の自由であり、応募しなくても何の罰則もありませんでした。**「官斡旋」に応募し

✐「官斡旋」に応募した人物の回想

「役所に呼び出されて『日本に行ってくれ』と言われた。いやとも言えないしな。まあ正直いえば嬉しかったの。日本に来たくてもなかなか来られないんだから。韓国にあっても仕事もないし、百姓くらいだから。俺だけじゃなくて、日本に来たがってたの大勢いたんだ」(『百万人の身世打鈴』東方出版より)

た李斗煥という人物は別掲のように回想しています。

　また、応募者の中には便乗渡航者も多数いました。当初から炭坑などで働く意思などなく、渡航許可を取るための手段として取りあえず鉱山会社の「募集」に応募し、渡航費用会社負担の「官費旅行」でやってきて、しばらく働いてすぐに退職し、他の勤め先に代わる人が後をたちませんでした。勤め先さえあれば不法滞在にはならなかったのです。

　正式な渡航許可がとれずに、**密航して日本にやって来た人々も多数いました**。日支事変（日中戦争）勃発以降、日本国内の工場や鉱山は人手不足となり、賃金が高騰したために多くの朝鮮人が高賃金目当てに、正式な渡航許可をとらずに内地に密航して来たのです。昭和14（1939）年から昭和17（1942）年までに1万9200人の密航者が捕まり、**朝鮮に強制送還されています**。もし「強制連行してこき使った」というのが本当なら、捕まえた密航者を送還せず、炭鉱などに送り込んだはずです。

国民の義務だった「徴用」

　大東亜戦争末期になると、日本人の壮健な若者はほとんどが招集されて戦地に向かい、あらゆる産業で人手不足が決定的となりました。そのために昭和19（1944）年9月に、朝鮮半島でも「徴用令」が発令されました。日本人に対する徴用令は昭和14（1939）年発令されており、**朝鮮人に対しては、5年間猶予されていた**のです。

「日韓併合」によって朝鮮の人々は日本国民となり、彼らには基本的に日本人と同じ権利と義務が生じました。**日本国民となった朝鮮の人々に日本国民を対象とする法律が適用され「徴用」が実施されたことに何の不法性もありません。**

戦時における国民の「徴用」は国際法上も合法であり、日本が昭和7（1932）年年に批准したILO強制労働条約（第二九号）も戦時における徴用を認めています。

朝鮮半島からの徴用者は「強制労働者」（Forced Laborers）ではなく、あくまで「（戦時労働者」（Wartime Laborers）でした。

女性については、12歳から40歳までの独身女性を対象とする「女子挺身勤労令」が昭和19（1944）年8月に公布され、対象の女性が動員されて工場で働きました。ただし朝鮮半島では終戦まで「女子挺身勤労令」は発動されていません。**朝鮮半島で「挺身隊」として働いた女性は全て自ら志願したものであり、「必要な技能を保有する」と認められなければ採用されませんでした。**東京書籍に「若い女性たちも工場などで働かされ戦争に協力させられました」とかいてあるのは、真っ赤な「嘘」なのです。

徴用者に対する朝鮮総督府の配慮

「徴用」を朝鮮半島に適用するに当たり、朝鮮総督府は「徴用」によって朝鮮人が技術を身に着け、朝鮮の発展に役立てることを望んでいました。

さらに、徴用先も労務管理の整備された場所に限られ、給与もきっちり法律で決め、留守家族に対しては収入減を補償するなどまさにいたれりつくせりの対応でした。

それらのことは大蔵省管理局名で戦後発行された小林英夫監修『日本人の海外活動に関する歴史的考察』第五巻朝鮮篇4（ゆまに書房）にある別掲のような記述からも明らかです。

🔖 徴用者への朝鮮総督府の対応(『日本人の海外活動に関する歴史的考察』)

> 阿部総督（小磯総督の後任者）は着任するや労務問題の重大性に着目して昭和19年度鉱工間内に勤労部を設け動員援護の二課を置いて援護の徹底を期すると共に朝鮮労務援護会を創設して本人に対する慰問はもちろん家族の援護に遺憾なきを期するため相当経費を国庫補助として計上すると共に、事業主に於いても相当負担を為さしめて、これを賃金の家族送金、賃金差額補助金、別居手当家族手当等の名目の下に各家族あて送金しその生活を保護した。尚留守家族に対しては各種物資に優先配給は勿論、愛国班を中心とする隣保補助の風を助長して援護の完璧を期した。殊に本件に付いては19年度の対内地緊急産業への労務送出に当たっては「勤労管理に更に留意すると共に残留家族の婦女援護に力むること、之がため事業主より一定額の定着手当及び家族慰労金を支給すること」を確約せしめた。（カッコ内は著者）

このように当時、朝鮮の人々を徴用するにあたっては、腫物に触るように気を使っていました。「朝鮮人を無理やり引っ張ってこき使い虐待した」などとんでもありません。

高額を稼いだ朝鮮人戦時労働者

では実際に日本で働いた朝鮮人労働者の実態について見てみましょう。昭和19（1944）年11月に徴用され、広島の東洋工業（現マツダ）で働いた鄭忠海は、平成2（1990）年に刊行した自叙伝『朝鮮人徴用工の手記』（河合出版）の中で、昭和20（1945）年5月時点において朝鮮人徴用工たちが毎晩宿舎でパーティーを開き、ばくちまでやっていたことを証言しています。この手記によれば鄭忠海の給料は140円であり、これは当時の学校教員や役所の職員の給与を上回っていました。彼は日本での待遇に満足しており、終戦時には徴用工代表として世話になった日本の人々に感謝の挨拶をして、別れを惜しみながら韓国へ帰国しています。

では、炭坑のような厳しい環境で働く作業者の場合はどうでしょう。韓国

は世界遺産に登録された「軍艦島」（実際の名前は端島）の炭鉱で、朝鮮人が奴隷労働を強いられ、最も危険な場所での作業をさせられたと主張しており、日本の教科書にも「厳しい労働をさせられた」と書いてあります。しかしそれは全く事実に反しています。

炭坑では日本人も坑内で朝鮮人と一緒に働いていました。炭坑によっては坑内労働者が日本人の方が多いところもあります。ダイナマイト発破作業のような危険な作業を、不慣れな朝鮮人鉱夫に任せられるはずがありません。失敗すれば全員の命取りになります。このような危険な作業は全て熟練した日本人鉱夫がやっていました。

炭鉱での作業はある程度の危険を伴いますから、給与は極めて高く、昭和19（1944）年に九州の炭鉱で支払われた賃金は、勤務成績のよいものは200円〜300円でした。300円といえば当時の軍隊では大佐クラスの給与に匹敵する額です。[注2]

当時の炭鉱での賃金算定は作業習熟度や出炭量などを基に厳格に計算されており、日本人と朝鮮人の間に賃金上の差別は全くありませんでした。朝鮮から動員されてきた若者は炭鉱労働に向いた屈強な若者ばかりであり、一方日本人の鉱夫は高齢者が多く体力的に劣るため、体力に勝る朝鮮人労働者の給与が日本人を上回ることは当然あったでしょう。

このように、炭鉱で働いていた朝鮮人労働者は、朝鮮にいたら到底稼げない額の報酬を稼いでおり、万一殉職したら3000円、当時の軍人の大佐クラスの給料の10倍の見舞金が支払われていたのです。[注3]

昭和20年8月15日、終戦を迎えて朝鮮人労働者は帰国することになりました。軍艦島では同年10月に三菱が手配した船で帰国しました。その時の別れの様子を、軍艦島の世界遺産登録に奔走した「端島島民の会」会長の加地英夫氏はこのように語っています。

「日本人も朝鮮人も別れを惜しみました。彼らが船に乗って端島を離れ

る時は、日本人全員が岸壁に集まって手を振り、彼らもまた見えなくなるまで手を振り続けました」

そして、この時帰国した**朝鮮人労働者のうち、何人もがその後軍艦島に舞い戻って来て炭鉱夫を続けた**そうです。強制労働だったならあり得ないことです。日本の教科書記述がいかに偏向しているかを如実に示しています。

誇り高い「台湾少年工」

台湾では昭和18（1943）年に「少年工」の募集が始まり、8400人の少年たちが日本へやって来ました。彼らは神奈川県の旧「高座海軍工廠」で訓練を受けた後、全国の戦闘機製造工場へ派遣されています。台湾で募集が始まると「学びながら技術を習得でき、給料ももらえる」という好条件のために希望者が殺到しました。そのためまず学校段階で「事前選考」が行われ、国語（日本語）能力を備え、屈強な体力を持ち、修身（道徳）の成績が良く、さらに親の許可を得て初めて応募資格を持つことが出来ました。こうして選ばれた8400人の少年たちには「選ばれし者」という誇りを胸に、戦時下の厳しい環境の中で日本の勝利のために懸命に働いたのです。

ここで働いた少年たちは戦後台湾に戻り、台湾の工業発展のために尽くしました。彼らこそが今日の台湾発展の礎を築いたと言っても過言ではありません。

元少年工たちは日本を忘れたことがなく、リーダーだった李雪峰氏は1987年に各地の元少年工同窓組織を束ねる形で「台湾高座会」を立ち上げ、日本各地の民間団体と交流して日台の友情を育んできました。彼は「台湾高座台日交流協会」の理事長も務めており、平成25（2013）年の春の叙勲で旭日小綬章を受章しています。

「日本統治下の台湾で厳しくも愛にあふれた教育を受けた、日本人であることを誇りに思っていた」(注4)という李雪峰氏の言葉を、私たち日本人は敬虔な

気持ちで拝聴すべきでしょう。

「強制的に来られて日本の工場で酷使された」というイメージを植え付ける日本の教科書の記述は、彼ら元少年兵たちの誇りと自負心を著しく傷つけることになるのです。

　本項では、元日本人であった朝鮮人と台湾人からの戦時労働者について、当時の実態を明らかにしました。中国人労働者については、そのほとんどが満洲や日本と友好関係にあった汪兆銘政権の支配地域で、**中国人の「人集め業者」が現地で集めた労働者を、日本企業が雇い入れた**というのが事実です。強制連行して強制労働をさせたものではなく、あくまで合法的な契約にもとづいて、外国から日本にやってきた「出稼ぎ労働者」に過ぎませんでした。

（注1）『数字が語る在日韓国人・朝鮮人の歴史』森田芳夫著（明石書房）
（注2）『明日への選択』平成14年11月号「朝鮮人強制連行問題とは何か」
（注3）金賛汀『証言朝鮮人強制連行』（新人物往来社）
（注4）フォーカス台湾中央社　日本語版（2013年6月17日付）

戦時徴兵
についての各社の記述

東京書籍	日本文教出版	教育出版
男性は日本軍の兵士として徴兵され、若い女性たちも工場などで働かされ戦争に協力させられました。	朝鮮や台湾では、徴兵が行われ、日本の軍人として戦場に送られました。	植民地であった朝鮮の人々に対して、名前を日本式に変えさせたり、日本軍の兵士として、戦地に送り出したりした。

朝鮮人・台湾人を無理やり戦場に駆り出したという「嘘」

　小学校教科書には、「植民地」である朝鮮と台湾の人々を、日本が無理やり戦場に駆り出したかのように書いています。

　しかしこれらは当時の実態とは全く違っています。当時は朝鮮人も台湾人も「日本国民」であり、大東亜戦争の目的を達成する為に共に力を合わせて戦ったのが事実なのです。

大東亜戦争の理想に熱狂した朝鮮の人々

　大東亜戦争を仕掛けたのはあくまでアメリカであり、ＡＢＣＤ包囲陣によって資源調達の道が絶たれた日本が生き残るためには、資源の豊富なアジア地域を白人の植民地から解放して各民族を独立させ、日本のリーダーシップの下に共存共栄の経済圏を打ち立てる以外にありませんでした。大東亜戦争に至る経緯につきましては、拙著『本当は素晴らしかった韓国の歴史』（ハート出版）にも詳細を書いておりますのでご興味をお持ちのかたは是非そちらを参照ください。

📖 朝鮮臨戦報国団の結成大会で可決した綱領

> 一、我等は皇国臣民として皇道精神を宣揚し思想統一を期す。
> 二、我等は戦時体制に即して国民生活の刷新を期す。
> 三、我等は勤労報国の精神に基づき国民皆労の身を挙げんことを期す。
> 四、我等は国家優先の精神に基づき国債の消化、貯蓄の励行、物資の供出、生産の拡充に邁進せんことを期す。
> 五、我等は国防思想を普及すると同時に一朝有事の秋には義勇防衛の実を挙げんことを期す。

　開戦に至るまで朝鮮の人々も日米交渉を固唾を飲んで見守り、米国の非妥協的で不遜な態度に切歯扼腕していました。「米英撃つべし」の声が日増しに高まり、昭和16（1941）年10月22日には朝鮮臨戦報国団（以下報国団）の結成大会が京城（ソウル）で開催されています。この大会には朝鮮各地の発起人代表ら六百名が参加し上の綱領を可決しました。

　さらに報国団は12月4日に言論界や文学界の代表を招いて米英打倒大講演会を開催。この時、詩人で戦後国会議員になった朱耀翰（しゅようかん）は「ルーズベルトよ答えよ」という有名な演説をしています。（コラム参照）

　そして運命の12月8日、ついに大東亜戦争の火ぶたが切られました。朝鮮の人々は日本軍の破竹の進撃に熱狂しました。12月10日には京城で決戦報告大講演会が開催され、普成専門学校（現在の高麗大学）教授の張徳秀（ちょうとくしゅう）は次のように大東亜戦争がアジア解放の戦いであることを強調しています。

> 「英米の圧迫と屈辱から東亜民族の解放を叫ぶ決戦を開始したのである。いまや東亜民族は圧迫と搾取を受けて骨しか残っていないが、いまやその骨で断固として決起し、仇敵米英を打倒しなければならない」

　女性達も立ちあがり、12月27日報国団主催による「決戦婦人大会」が開催されています。このように、朝鮮の人々は、大東亜戦争の理想に熱狂し、

コラム
column

朱耀翰の演説

戦後韓国の国会議員にもなった詩人の朱耀翰の「ルーズベルトよ答えよ」という演説の一部を御紹介しましょう。

正義の仮面をかぶり、搾取と陰謀を欲しいままにしている、世界の放火魔、世界第一の偽善君子、アメリカ大統領ルーズベルト君。君は口を開けば必ず正義と人道を唱えるが、パリ講和条約の序文に、人種差別撤廃文面を挿入しようとした時、これに反対、削除したのはどの国か。黒人と東洋人を差別待遇して、同じ席につかせず、アフリカ大陸で奴隷狩りを、あたかも野獣狩りをするが如くしたのはどこの国の者であったか。しかし君らの悪運は最早尽きた。一億日本同胞なかんずく半島の二千四百万人は渾然一体となって、大東亜聖戦の勇士とならんことを誓う。

朱耀翰は、大東亜戦争の目的が「東洋十億の民を侵略の魔の手から救い東洋を東洋人の東洋にするものである」と考えており、このような情勢認識が当時の朝鮮で一般的であったことは紛れもない事実でした。

内地と一心同体となって戦う覚悟を決めてくれたのです。

　大東亜戦争が始まると、**陸軍特別志願兵募集に朝鮮の若者が殺到**しました。この制度は昭和13（1938）年4月に朝鮮の若者を対象に導入されましたが、昭和17（1942）年には採用数4077人に対し、25万4273人が応募しています。

　実に競争倍率は62.4倍です。しかも朝鮮は儒教国家であり、応募するには父母、親族の許しが必要でした。青年の一時の血気だけで志願するのは困難な国柄です。この驚くべき倍率の陰には圧倒的な**朝鮮人の大東亜戦争への支持があった**ことが伺われます。

　韓国の知識人の一人、朴贊雄もその著書『日本統治時代を肯定的に評価す

る204頁』の中で次のように述べています。

「反日感情は終戦後、李承晩大統領が個人的偏見と政治的策略のもとに煽り煽った結果である。もしその当時、韓国の一般民衆の間に反日感情が漂っていたとすれば、志願兵応募者の数が多かろうはずもなく、志願者は周囲の目をおもんぱかったであろう。四百名募集に15万名が殺到したとすれば、志願兵はそれこそ、朝鮮大衆の羨望の的であったに違いない」

このような倍率を突破して合格した青年は、当然ながら優秀であり、最初から下士官クラスの能力があったといわれています。軍隊の中では階級こそがすべてであり、出身地による差別は全くありません。朝鮮出身の上官に内地出身の兵隊は絶対服従していました。

昭和18（1943）年にはそれまで陸軍のみであった特別志願兵制度を海軍も採用しました。飛行兵は特に人気があり、海軍飛行予科練習生（予科練）には朝鮮人だけの組も出来たほどです。こうして**日本軍パイロットとなり大空で戦った人達が、戦後は韓国空軍パイロットとなって韓国を守るために活躍しました。**

競争率600倍以上だった「台湾志願兵」

一方、台湾では朝鮮より遅れて昭和17（1942）年4月に陸軍特別志願兵制度が導入されました。応募資格は17歳以上の男子で、小学校卒業程度の「日本語の読み書き」が出来ることが条件でしたが、初年度には1020人の採用に対して、43万人の志願者があり、翌18（1943）年には1008人に対して何と60万人以上の志願者が押しかけました。実に競争率は600倍を超えていたのです。(注1)

昭和18年度版『大東亜戦争と台湾』（台湾総督官房情報課刊）には次のような記述があります。

> （陸軍特別志願兵制度の実施が発表されるや）全島は真に歓喜の坩堝と化した。（中略）本島（台湾）に魁て朝鮮に志願兵制度が布かれたので、これが本島に大きな衝撃を與えた……本島民青年間の軍国熱は火となって燃えて来た。

血書を持ってやってきた志願者もかなりいたそうです。日本統治時代の外地を深く研究しておられる産経新聞編集委員の喜多由浩氏は同紙連載記事「台湾日本人物語・統治時代の真実：第45回」（令和3年12月8日付）に次のような所感を記しています。

> 外地における志願兵への殺到は、この後に行われるであろう徴兵制度の導入を見越した心理もあったのだろうが、それだけではこの猛烈な熱気は説明できない。やはり同じ『日本人』として国土や家族を守るべく己の身を投じる……という思いが現地人の若者を突き動かしたのではなかったか。

また、台湾では同制度と合わせて昭和17（1942）年から19（1944）年にかけて台湾先住民による「高砂義勇隊」が組織されています。軍属という身分ながら亜熱帯の山間部で育った彼らはフィリピン戦線で大活躍し、正に時の「ヒーロー」でした。

訓練中に終戦を迎えた「応徴兵」

以上のように、朝鮮や台湾での大東亜戦争を支持する熱狂的雰囲気の中で、日本軍への志願者は増大の一途を辿りました。そこで日本政府は朝鮮においては昭和17（1942）年5月に、それまで適用していなかった朝鮮人男性に対する「徴兵制」を準備期間を設けたうえで実施することにしました（実際に徴兵検査が始まったのは昭和19年4月）。

当時の日本では国を守るために兵士になることは国民の崇高な義務であり、

名誉なことでした。それは今でも日本以外の国では当たり前のことです。したがって日本人だけが徴兵されることは、朝鮮の若者にとって「自分たちは二等国民扱いされている」という屈辱以外の何ものでもありませんでした。

朝鮮人にも徴兵制度が適用されることが発表されや、彼らは歓喜し、歓迎の談話が知識人からも次々と出されました。三一運動の首謀者の一人だった崔麟は、三一運動を裁いた日本の司法の公正さに感動して大の日本ファンとなっており、徴兵制が朝鮮半島で発令されるや、「同胞たちは早くから…この日の来るのをどれほど待ち焦がれていたことか」（『毎日申報』1942年5月1日）と感激を述べています。(注2)

台湾でも状況は同じでした。日本政府は準備期間を経て昭和20（1945）年1月から徴兵検査を開始し、台湾の若者も「これで内地の日本人と地位の格差が無くなった」と心から喜び勇んで徴兵に応じました。

ただし、朝鮮でも台湾でも徴兵制の実施は戦争末期であり、彼ら「応徴兵」はそのほとんどが訓練中に終戦を迎えており、外地に出陣することはなく、戦死者はほとんどありませんでした。

大東亜戦争で日本軍に志願して実際に米英と戦った朝鮮や台湾の兵士は、植民地解放という大東亜戦争の大義に共鳴し、**日本の「大和魂」に負けるとも劣らない「朝鮮魂」「台湾人魂」で戦ってくれた**のが実態でした。小学校の教科書に「無理やり戦場に引っ張って行った」とは全くの「嘘」なのです。

日本の「自虐史観」を憂いる韓国・台湾の元日本兵

実際に日本兵として大東亜戦争を経験した韓国人と台湾人の声をここで紹介します。昭和18（1943）年に陸軍少年飛行兵学校に入校して飛行技術を習得し、後に韓国空軍大佐として活躍した崔三然氏は著書『日本は奇跡の国・反日は恥』（ハート出版）の中で次のように語っています。

あの時代の日本の努力と犠牲がなければ今の東洋はあり得ない。日本の努力と大陸進出がなかったならば、今の朝鮮半島も中国も満州も存在しなかったはずである。恐らく解放された東南アジアの諸国も、ことごとくが白人社会の植民地の生活を余儀なくされている状況ではなかったかと思う。

そして彼はこのように日本人の覚醒を促しています。

「日本人自らの自虐史観からの脱却である。いろいろの要因があり得るが、戦後の占領軍による徹底的な自虐史観の植え付けは、日本を精神的に再起不能の限界まで追いやり、中国、北朝鮮の工作による影響をもろに受けている。左派の言論、学者、知識人等による各種メディアでの日本の歴史、国体を貶める言動には一抹の危機を感じる」

また、昭和16（1941）年に血書嘆願で志願して採用された台湾人元日本兵の鄭春河氏は、著書『台湾人元志願兵と大東亜戦争』（展転社）の中で、次のように述べています。

（日本は）祖国の安全保障のために、又東亜独立解放と大東亜共栄圏を樹立して世界人類に貢献すべく相当なる自信と誇りをもって立ち上がったはずです。不幸にして日本は敗れたが、大東亜戦争の大理想は実現して戦争の目的も達成しました。欧米諸国の東洋制覇の野望を覆し、弱小民族が悉く独立して、彼らのアジア・アフリカへの侵略は終わったのです。

進んで日本軍に志願した台湾人の気持ちについて彼はこう書いています。

台湾人民は当時兵役の義務がなかったが志願までして国難に赴いた。戦後見捨てられて異国民となり、報われぬ境遇にありながら何ら悔いることなく、むしろ聖戦に参加できたのを今なお誇りにしている。

　そして日本人自らが自国を貶める「自虐史観」が日本に蔓延していることに、心の底から憤慨してこう述べています。

> もっとも遺憾に耐えぬことは、日本人自ら日本悪玉論をふりかざし、日本の歴史の断罪を手柄顔に書きたて、240万の靖国の英霊を犬死の如く、犯罪者の如く侮蔑し、立論してゐることである。しかも歴史教科書においてかうした虚妄の祖国呪詛祖国蔑視の自虐的な記述をつらね、これを青少年の教材にしてゐることである。

　このように**大東亜戦争の大義のために日本人と共に戦った韓国や台湾の人たちが、日本の現状を憂い、歴史教科書の「嘘」を糾弾し、日本人の誇りを取り戻すように私たちを叱咤してくれている**のです。これほど有難いことはありません。小学校の歴史教科書の「嘘」を一日も早く是正して、明日の日本を背負い立つ子供たちに、日本人としての自信と誇りを育まねばなりません。

（注1）『台湾と日本・交流秘話』 名越二荒之介・草開省三共著（展転社）
（注2）『日韓2000年の真実』 名越二荒之介編著（株式会社国際企画）

第4章

第二次世界大戦

欧米諸国がアジアの資源を独占したため
日本は自存自衛とアジア解放のため
アジア諸国と協力して戦わなければならなかったのです

執筆：茂木弘道

開戦の原因
についての各社の記述

東京書籍	日本文教出版	教育出版
日本は1940年に、石油などの資源を得るために、東南アジアに軍隊を進めました。	日本は、日中戦争が長引く中で、石油やゴムなどの資源を手に入れようと、欧米各国の植民地となっていた東南アジアに軍隊を進めました。その後、中国が支援を求めたアメリカやイギリスなどの連合国と、ドイツ・イタリアとの軍事同盟を結んだ日本で激しく対立するようになりました。	日本はドイツ・イタリアと同盟を結ぶとともに、石油やゴムなどの資源を求めて、東南アジアにも軍隊を送りました。こうした動きに対して、中国を援助してきたアメリカは警戒を強め、日本への石油輸出を禁止するなどしたため、両国の対立は深まっていきました。

なぜ日本が立ち上がったかの説明が全くない

　各社とも「石油やゴムなどの資源を手に入れようと東南アジアに軍隊を進めました」と開戦の前に日本は東南アジア各国に軍事進出していたかのように書いていますが、これは極めて不正確、というより間違いです。

　確かにABCD包囲網を敷かれ、日本は重要資源の確保に苦慮していました。しかし、戦争が始まる前に軍隊を送ってこれを確保していた事実は全くありません。軍事進駐をしたのは、ベトナムだけですが、これはフランス政府との合意の下に進駐したものです。これ以外に東南アジアに軍事進駐はしていません。教科書記述を読む小学生は、戦争の始まる前から日本は東南アジアに軍事進駐をして資源を確保していたという風に考えるでしょう。極め

て不正確で問題の記述です。最も重要な資源である石油については、オランダと交渉をしたのですが、これはオランダに拒否されました。ベトナムへの軍事進駐は、いざという時に備えてのこと（また、中国への補給ルートを断つ目的もありました）ですが、この進駐によって蘭領インドネシアの石油を手に入れたわけでは全くありません。

日米通商航海条約の一方的破棄

こういう重要資源の問題には触れながら、**アメリカの輸出規制、ＡＢＣＤ包囲網などによって、日本はその存立を脅かされる状況になっていた**ことについては、その実態を書いていないというのが大問題です。何しろ、アメリカは1939（昭和14）年7月26日に、一方的に「日米通商航海条約」の破棄を通告してきたのです。日米戦争のはじまる26か月も前のことです。日独伊三国同盟締結（1940年9月）の1年以上前のことなのです。特に通商上の問題で懸案があったわけではなく、日本が不当なことをしたわけでも全くなく、それこそ理由のない一方的通告でした。こんなことはアメリカの歴史上はじめてのことだと、イギリスのマンチェスター・ガーディアン紙は当時書いています。つまり、これは準宣戦布告に他ならないことだったということです。これによって、アメリカは一方的に戦略資源の日本への輸出を禁止することが可能となったのです。フリー・ハンドを得たのです。次々に重要品目の禁輸を日本に対して行ってきますが、ついに石油の全面禁輸に踏み切ったのが、昭和16（1941）年8月1日です。

石油の全面禁輸は日本の生存権の否認である

日本は当時石油の供給量の93パーセントを海外からの輸入に頼っていましたが、最も大量の輸入をしていたアメリカから石油の輸入を断たれたとい

うことは、日本が近代国家として立ち行かなくなったということなのです。言ってみれば、日本の生存権を全面否定したのが、アメリカの石油の全面輸出禁止です。

こうしたことが起こるのは、結局は**米英蘭などのヨーロッ諸国がアジアを植民地にしてその資源を独占していたから**です。

ですから日本は自存自衛のためにもアジア植民地体制の打破、アジア解放をアジア諸国と協力して戦わなければならなかったわけです。ですから、**日本の戦争は「大東亜戦争」以外のものではありえなかった**ということです。

こうしたのっぴきならない状況で戦争に突入して行かなければならなかった日本の置かれた状況ということをよく説明しないでは、日本の子供に教える教科書とはいえないのではないでしょうか。

日本は「太平洋戦争」を戦っていない

第二次世界大戦については、日本が戦った『大東亜戦争』という名称はどの教科書のどこにも出てきません。出てくるのは『太平洋戦争』という言葉ですが、**当時の日本人で『太平洋戦争』を戦った日本人は一人もいません。命がけで戦った戦争は、『大東亜戦争』でした。**したがって、日本人が実際に戦った『大東亜戦争』という呼称が全く出てこないということは、極めておかしなことです。これでは日本が戦った大きな理由が完全に抜け落ちてしまうからです。これでは、日本はただ戦争をした、というよりも侵略戦争をしたと生徒は思いこまされてしまいかねません。

更にいえば、『太平洋戦争』という呼称は、**占領軍によって強要された奴隷の言葉**であり、こんな奴隷の言葉をまるで当たり前のように、独立国になっても使い続けているというのは恥ずかしいかぎりです。

日本は自存自衛の目的とともに、アジア植民地体制の解体とアジアの解放、大東亜共栄圏の確立という目的のもとにあの戦争に起ちあがったのです。

　どの教科書にも第一次世界大戦後のパリ講和会議で日本が人種差別撤廃条項を提案したことが触れられていません。実はこの人種差別撤廃提案が否決されたことも、今度の戦争の一つの原因と見ることもできるのです。そして、日本はこの大戦中の昭和18（1943）年11月5日、6日にアジアの当時の独立国7か国の指導者列席の下、東京で**大東亜会議**を開催しました。

　会議の出席者は、東条英機内閣総理大臣〔日本〕、張景恵国務総理大臣〔満州国〕、汪兆銘行政委員長〔中華民国〕、ラウレル大統領〔フィリピン〕、バー・モウ内閣総理大臣〔ビルマ〕、ワンワイタヤコーン内閣総理大臣代理〔タイ〕、チャンドラ・ボース自由インド仮政府代表の7名です。フィリピンとビルマは日本占領下で独立を認められたものです。

　11月6日に「大東亜共同宣言」が全会一致で可決されました。別掲の通りです。

　アジアの相互信頼と相互協力を謳った、格調高い共同宣言ですが、特に注目すべきはその第5項です。人種差別撤廃が謳われた世界最初の共同宣言で

大東亜会議に参加した各国首脳（帝国議事堂玄関、昭和18年11月5日）
左からバー・モウ（ビルマ）、張景恵（満州国）、汪兆銘（中華民国）、東条英機（日本）、
ワンワイタヤコーン（タイ）、ラウレル（フィリピン）、チャンドラ・ボース（自由インド仮政府）

📖 大東亜共同宣言（昭和18年11月6日）

一、大東亜各国は共に大東亜の安定を確保し、道義に基づく共存共栄の秩序を建設する。

一、相互に自主独立を尊重、互助の実を挙げ大東亜の親和を確立する。

一、相互にその伝統を尊重し、各民族の創造性を伸ばし、大東亜の文化を高揚する。

一、各国は互恵の下緊密に提携し、経済発展を図り、大東亜の繁栄を増進する。

一、萬邦との交誼を篤くし、人種差別を撤廃し、文化を交流し、資源を解放し、世界に貢献する。

す。第一次大戦の後、日本による人種差別撤廃の提案は受け入れられませんでしたが、この大東亜宣言で、人種平等世界宣言が実現することになったのです。なお付け加えておきますと、戦後国連総会で人種差別撤廃条約が採択されたのは、大東亜共同宣言から22年後の1965年のことでした。この条約が発効したのは、1969年です。日本がパリ講和会議で人種差別撤廃提案をしてからちょうど50年後のことでした。

　インド仮政府政府代表のチャンドラ・ボースは演説で、「本日午後この歴史的会議において満場一致を以て採択されたる大東亜共同宣言が、東亜各国民の『憲章』であり、更には全世界の被抑圧国民の『憲章』たらんことを祈る次第であります。本大会宣言が、本年度以降『自由の新憲章』として世界史に遺らんことを祈念して止まない次第であります」と述べていますが、これがこの大東亜会議に結集したアジアの代表者たちの声であったのです。

　このように決定的に重要なことを全く欠落させた戦争の記述では、本当のことを理解することはとてもできないのではないかと思います。

米軍による空襲
についての各社の記述

東京書籍	日本文教出版	教育出版
空襲で日本の都市が焼かれる	空襲で焼きつくされる国土	おそいかかる空襲
1944（昭和19）年になると、アメリカ軍の飛行機が日本の都市に爆弾を落とすようになりました。軍事施設や工場だけでなくなく、住宅地も爆撃され、東京や大阪を始め多くの都市が焼け野原となり、多くの人々の命が奪われました。木造の建物が多い日本では、火災を起こす焼夷弾が使われました。	アメリカ軍は、日本にかわって太平洋の島々を占領し、その島々を基地として1944（昭和19）年、日本本土への空襲を本格化しました。アメリカ軍は、東京や大阪などのおもな都市の軍事施設や工場に、爆弾や焼夷弾を雨のように落としました。その後、住宅地まで火の海にする無差別爆撃がはじまり、燃え盛る炎の中、人々はにげまどい、全国で約30万人以上もの人がなくなりました。	アメリカ軍の反撃が日本の近くまでおよんでくると、多くの都市が激しい空襲を受け、一般市民の暮らし危険にさらされるようになりました。降り注ぐ焼夷弾によってまちは焼け野原になり、多くの人命がうばわれたのです。空襲は全国に広がり、約20万もの人々がなくなりました。

空襲の被害は単なる戦争の結果ではない

戦況が日本に不利になっていきますとアメリカの爆撃機が日本の本土爆撃を開始するようになります。軍事目標に対する爆撃は、戦時国際法によって認められております。これはハーグ陸戦条約付属書第一章で「軍事目標主義」と規定されています。

　しかし、住宅地や商業地区、人口密集地域に対する爆撃は、国際法では禁止されているのです。絨毯爆撃、或いは無差別爆撃がそれです。さらに言うと、無差別爆撃というより、一般民間人を主たる目標にした焼夷弾爆撃は、軍事目標より、民間人の焼き殺しを主目的にした極悪非道な国際法違反爆撃です。東京、大阪などの大都市だけでなく、全国60以上の都市が焼夷弾爆撃を受けました。

　各社の教科書では1944（昭和19）年以降になると都市爆撃が激しくなり、多くの人命がうばわれたことを記述しています。「燃え盛る炎の中、人々は逃げまどい、全国で約30万以上もの人々が亡くなりました」。（日本文教出版）また東京書籍では、「東京大空襲の様子（想像図）と題する大きな絵を載せて「アメリカ軍による焼夷弾は、まるで火の雨のようで、多くの人々が犠牲になりました。」と、都市に対する焼夷弾焼き殺し爆撃の惨劇を注記しています。

　被害者の数については、諸説がありますが、20万人から40万人の死者があったと推定されています。各社の死者の数が30万、30万以上と若干異なっているのはそのためです。

　そこまでの記述はよいのですが、こうした一般市民に対する残虐極まりない攻撃が、あたかも戦争につきものの当然の出来事であるかのように記述されていることは大問題ではないでしょうか。こんな惨劇は悪質極まりない国際法違反を犯した攻撃がもたらしたものです。**国際法違反の明らかな戦争犯罪的な攻撃によって引き起こされたもの**です。ですから国際法が守られていれば、こんな悲劇は起こらなかったのです。戦争一般がもたらしたものではない、という基本的な重要な事実が全く触れられていないというのは大問題ではないでしょうか。ハッキリ言えば、アメリカの重大な国際法違反行為の結果なのだ、ということです。どこまで言うかは判断の分かれるところかと思いますが、**民間人を主たる目標にした焼夷弾攻撃は「国際法違反」である**ということだけは述べてもらいたいものです。

第 5 章

原爆投下

日本に終戦の意図があることは米国も知っていました
米軍兵士の生命を救うために
原爆投下が必要だったなど、話にもなりません

執筆：**茂木弘道**

原爆投下
についての各社の記述

東京書籍	日本文教出版	教育出版
本文：1945年8月6日に広島、九日には長崎に、アメリカ軍によって原子爆弾が投下されました。一発の爆弾で、いっしゅんにして何万人もの命が奪われ、町は吹き飛んでしまいました。 **写真と説明**：⑤原爆投下後の長崎のまち（上）と⑥平和記念像（右上）長崎にも原爆が落とされ、14万人以上の人々がなくなったと推定されています。記念像は被爆から10年後に建てられました。 **ことば**：原爆投下　原爆が投下され70周年たった今でも、被ばくにより苦しんでいる人々が沢山います。日本は被爆国として、世界に平和の尊さを発信しています。	**本文**：アメリカ軍は、人類史上初の原子爆弾を、1945年8月6日、広島に投下しました。原爆の熱線と爆風により、広島市の中心部は完全に破壊され、多くの人がいっしゅんで命を落としました。8月9日には、長崎でも原爆が投下され、大きな被害を受けました。 **写真と説明**：①原爆が落とされた直後の広島の様子　1945年8月6日午前8時15分、広島市の中心部に原子爆弾が落とされました。写真の左橋はしに見えるのが、原爆ドームです　④なくなった幼児を背負い、火葬を待つ少年 **キーワード**：原子爆弾（原爆）それまでの戦争で使われた爆弾のなかでいちばん強い爆弾でした。生き残った人でも、放射線による後遺症によって苦しみ、その後も死者は増え続けました。	**本文**：アメリカ軍は、8月6日に広島、9日に長崎に原子爆弾を投下しました。地上から約1万mの高さまできのこ雲が立ち上がり、熱戦と爆風で、建物はくずれ、人々は体を焼かれました。この原爆投下によって、広島・長崎両市では、合わせて30万人以上の命が奪われました。現在でも、放射線の影響による後遺症に苦しむ人々が沢山います。 **写真と説明**：エ　原子爆弾の被害を受けた広島　手前の建物は、原爆ドームとして現在まで保存され、戦争のおそろしさと平和の尊さをうったえ続けています。1996年に世界遺産に登録されました。オ　原子爆弾が投下される前の広島

詳細に書いているが核心に触れていない

　原爆投下は非人道的な犯罪であることは誰が考えても分かることだと思います。では、教科書ではどのように記述されているでしょうか?

　このように原爆の恐ろしさ、広島・長崎の人々が受けた被害の惨状、そして被爆の後遺症などについてはかなり適切に、詳しく書かれております。

　しかし、無差別爆撃の所と同じように、この**原爆投下は戦時国際法に違反する犯罪的な行為であるということについては、全く触れられていない**のは、どうしてなのでしょうか。理解に苦しむことです。

　原爆投下については、もし原爆投下をせずにアメリカ軍が日本本土上陸を行ったとしたら100万のアメリカ兵が失われた可能性があり、それを救ったというアメリカ人がよく言う原爆正当化論があります。これは甚だ勝手極まりない俗論です。日本が降伏をしないのがいけないというわけです。

　確かに日本はポツダム宣言が出されてからも表面的にはこれを無視した態度をとっていました。しかし、5月14日には日本は最高戦争指導会議でソ連に講和の仲介を依頼することが決まり、その後ソ連にそのことで接触しています。7月13日には近衛元首相のソ連派遣を日本は提案し、ソ連が18日には仲介拒否をしてきました。こうした動きは無電傍受その他の手段でアメリカに伝わっていました。さらにアメリカと秘密ルートで直接伝えられていました。

　したがって、**日本が終戦の意図があることは、アメリカが天皇の地位保全の条件さえのめば、終戦は可能であること**は分かっていました。ですから、百万人のアメリカ軍兵士の生命を救うために原爆投下がどうしても必要であったなどというのは、全く話にもならない勝手なウソ話と言わなければなりません。

　アメリカの第31代大統領ハーバード・フーバーは、大著『裏切られた自由』^(注1)で、次のように述べています。

「(トルーマンによる日本に対する原爆投下は)非人道的な決定であった。日本はすでに繰り返し講和を求めていたことに鑑みれば、これは間違った決定であったことがわかる。それ以上に、我国の歴史に比類のないほどの残虐性を刷り込んでしまった。この事実は我国民の良心をいつまでも苛むことになるだろう。」

　また、自軍の人命を救うのだから、国際法的に許されない凶悪兵器を使ってもよい、などということになると、毒ガス、化学兵器などがそもそも禁止する意味がなくなってしまいます。
　こうした兵器を使う方が通常兵器を使うより、自軍の損害を少なくし、敵軍に打撃を与えるからであり、自軍の損害を少なくするために原爆使用が許されるなど全く非論理極まりないということになります。

アメリカによる原爆投下を裁いた判決「虎に翼」三淵嘉子判事

　令和6年4月から9月までの半年間、NHKで『虎に翼』という連続ドラマが放送されていました。主人公のモデルとなったのは、日本で最初の女性弁護士となり、また日本で最初の女性裁判所所長となった三淵嘉子です。
　実は、三淵嘉子は1955(昭和30)年、広島と長崎の被爆者5人が起こした「原爆裁判」を右陪席、次席判事として第1回口頭弁論から9回の口頭弁論、結審迄一貫して担当しているのです。この間、裁判長と左陪席は何度か交代しているので、実質この裁判の中心的な担当者は三淵嘉子と言ってよいと言われております。(注2)
　1963年12月7日、原爆裁判の判決が下されました。判決では、被害者への賠償は認めなかったものの、「広島市、長崎市に対する原子爆弾による爆撃は、無防備都市に対する無差別爆撃として、当時の国際法から見ても明らかに違反である」

「国家は自らの責任において犯した戦争により、国民の多くを死に導き、傷害を負わせ、不安な生活に追い込んで甚大な被害を与えた。十分な救済策を取るべきである」

　世界で初めて「原爆投下は国際法違反」と明言、日本政府に被爆者への支援策を強く促しました。この判決の結果、「原爆特別措置法」が制定され、その後、「被害者援護法」も制定されました。

　このように、確定した裁判によって、「原爆投下は国際法違反」と明言されているのにもかかわらず、教科書の記述の中に、「国際法違反」であるということばがまったくでて来ないのは、大変おかしいのではないでしょうか。「原爆投下の違法性」は国際的にも日本はアピールしていくべきことではないでしょうか。

┃「判決文」より

　さて、この歴史的な判決の判決全文が、『原爆裁判』（三淵嘉子）に掲載されています。

　その中の判決理由にかかわる部分の概要をご参考までにご紹介しておきましょう。

【理由】（＊判決）
一、原子爆弾の投下とその効果
（１）〜（４）このように破壊力、殺傷力において従来の兵器よりはるかに大きいだけでなく、人体に種々の苦痛苦痛ないし悪影響をもたらすも点において、原子爆弾は従来のあらゆる兵器と異なる特質を有するものであり、まさに残虐な兵器であると言わなければならない。
二、国際法による評価
（１）このような性質と効果を具有する原子爆弾が、いわゆる核兵器と

して、国際法上許されるべきかどうかは、国際法上極めて困難な問題であることに疑いはない。しかしながら、本件においては、米国が広島市及び長崎市へ原爆を投下した行為が、当時の実定国際法によって違法とされるか争点なのであるから、この点に局限して考察すればそれで充分である。

（以下（2）〜（5）において戦闘行為における近代国際法の主要点についてその概要を述べ）、

（6）空戦に関しては「空戦に関する規則案」があり、第24条において「1、空中爆撃は軍事目標、すなわち、その破壊または毀損が明らかに軍事的利益を交戦者に与える目標に限り、適法とする。

（という項目を示しています）。

（7）それでは、防守都市と無防守都市の区別は何か。一般に、防守とは地上兵力による占領の企図に抵抗しつつある都市を言うのであって、単に防衛施設や軍隊が存在しても、戦場から遠く離れ、敵の占領の危険が迫っていない時は、これを無差別に砲撃しなければならない軍事的必要はないから、防守都市ということはできず、この場合は軍事目標に対する砲爆撃が許されるにすぎない。これに反して、敵の占領の企図に対して抵抗する都市に対しては、軍事目標と非軍事目標を区別する攻撃では、軍事上の効果が少なく、所期の目的を達することができないから、軍事上の必要上無差別砲撃が認められているのである。

このように、無防守都市に対しては無差別爆撃は許されず、唯軍事目標の爆撃しか許されないのが従来一般に認められた空襲に関する国際法上の原則であるということができる。

（田端茂二郎、高野雄一の鑑定参照）

（8）広島市及び長崎市が当時地上兵力による占領の企図に対して抵抗していた都市でないことは、公知の事実である。また両都市とも空襲に対して高射砲などで防衛され、軍事施設があったからと言って、敵の占

領の危険が迫っていない都市である以上、防守都市に該当しないことは、すでに述べたところから明らかである。更に両市に軍隊、軍事施設、軍事工場棟所謂軍事目標があったにせよ、広島市には約33万人の一般市民が、長崎市には約27万人の一般市民がその住居を構えていたことは明らかである。したがって、原子爆弾による爆撃がかりに軍事目標の実をその攻撃目標としたとしても、原子爆弾が巨大な破壊力から盲目爆撃と同様な結果を生ずるものである以上、広島長崎市に対する原子爆弾による爆撃は、無防守都市に対する無差別爆撃として、当時の国際法から見て違法な戦闘行為であると解するのが相当である。

（9）以上の結論に対しては、当時の戦争は総力戦であって、戦闘員と非戦闘員との区別、軍事目標と非軍事目標との区別は困難であること、第二次世界大戦では必ずしも軍事目標主義がそのまま貫かれなかったことを理由とする反対論がある。

（これに対して、総力戦であるからと言って直ちに軍事目標と非軍事目標の区別　がなくなったというのは誤りであることを説明しています。）
（田畑茂二郎、高野雄一の鑑定参照）
（11）のみならず、広島、長崎両市に対する原子爆弾の投下は、戦争に際して不要な苦痛を与えるもの非人道的なものは、外敵手段として禁止される、という国際法上の原則にも違反すると考えられる。（田畑茂二郎の鑑定参照）

…略…

この意味で問題となるのは、原子爆弾の投下がヘーグ陸戦規則第二十三条（a）で禁止している「毒又ハ毒ヲ施シタル兵器ヲ使用スルコト」にがいとうするかどうか、1899年の「窒息セシムヘキ瓦斯又ハ有毒質の瓦斯ヲ散布スルヲ唯一ノ目的とする投射物の使用ヲ各自ニ禁止スル宣言」、一九二五年の「窒息性、有毒又はその他のガス、細菌学的戦争方法を戦争に使用することを禁止する議定書」の各禁止規定に該当するかどうか

である。

これについては、読、毒ガス、細菌等と原子爆弾の差異をめぐって、国際法学者の間にも定説がない。しかしながら、セント・ペテルス宣言は「（前略）既に戦闘外ニオカレタル人ノ苦痛ヲ無益ニ増大シ又ハソノ落命ヲ必然的ニスル兵器ノ使用ハコノ目的ノ範囲ヲ超ユルコトヲ惟ヒ、此ノ如キ兵器ノ使用ハ此ノ如クシテ人道ニ反スルコトヲ惟ヒ（攻略）」と宣べ、ヘーグ陸戦規則23条（ｅ）では、「不必要ノ苦痛ヲ与フヘキ兵器、投射物又ハソノ他物質ノ使用スルコト」を禁止していることから見て。独、毒ガス、細菌以外にも少なくとも　それと同等或いはそれ以上の苦痛を与える外敵手段は、国際法上その使用を禁止されているものとみて差し支えあるまい。

…略…

この意味において、原子爆弾のもたらす苦痛は、独、毒ガス以上のものと言って過言ではなく、このような残虐な爆弾を投下した行為は、不必要な苦痛を与えてはならないという戦争法の基本原則に違反しているということができるであろう。

左（注1）『裏切られた自由』（ハーバード・フーバー）（草思社・2017年）　Freedom Betrayed by.Herberd Hoover,Hoover Institution Press, California,2011.
右（注2）『原爆裁判　アメリカの大罪を裁いた三淵嘉子』（山我浩著）（毎日ワンズ）2024年7月）

第2部

古代・中世史における「歴史歪曲」

第 1 章

神話

神話・伝承は古代社会を研究する際の基本資料です
その意義や価値について適切な例を挙げ
心の「根っこ」を育てる必要があります

執筆：**松浦明博**

日本神話には
不思議な話が
たくさんあって
面白いですね

しかも
証拠になる遺跡が
出てきたりするから
さらに興味深い

実際にあった
出来事が神話の
元なのかも

日本神話

についての各社の記述

東京書籍	日本文教出版	教育出版
8世紀前半、『古事記』と『日本書紀』という書物が天皇の命令で作られました。これらには、大昔のこととして、天からこの国土に下った神々の子孫が、大和地方に入って国をつくり、やがて日本の各地を統一していった話などがのっています。ヤマトタケルの話もその1つで、複数の人物の事業を1人の人物の話としてあらわしたのではないかと考えられています。（以下風土記の説明は略） ヤマトタケルは、武勇にすぐれた皇子でした。ヤマトタケルは、天皇の命令を受けて、九州へいって、クマソを平らげ。休む間もなく、東日本のエミシをたおしました。 ヤマトタケルは、広い野原で焼きうちにあったり、荒れる海とたたかったりして、苦労しながら征服をすすめました。ところが、都へ帰る途中、病気でなくなってしまいました。すると、ヤマトタケルは、大きな白鳥に生まれ変わって、都の方へ飛んでいきました。	わたしたちが、4世紀から5世紀ごろのようすを知ろうとするとき、8世紀の初めに作られた『古事記』と『日本書紀』という書物のなかの、神話も手がかりになります。（以下風土記の説明は略） 8世紀のはじめに天皇の命令で作られた『古事記』と『日本書紀』という書物には、神話が書かれています。（以下風土記の説明は略） 昔、ヤマトタケルという武勇にすぐれた皇子がいました。皇子は、朝廷に従わない豪族を討てという天皇の命令を受けました。皇子は、苦労しながら各地の豪族をたおしていきました。しかし、都へ帰る途中、病気でなくなり。すると、都がある大和の美しい景色を思いうかべながら、短い一生を終えたということです。	天皇中心の国のしくみが整った8世紀の初め、朝廷は、日本の成り立ちを国の内外に示すため、「古事記」や「日本書紀」という歴史の本を完成させました。この中には、ヤマトタケルの話のように、国が統一されていく物語も収さめられています。これは神話といわれ、すべてが真実ではありませんが、国の成り立ちや、この時代の人々の考えを知る手がかりになります。 ヤマトタケルの話ヤマトタケルは、天皇である父の命令で九州におもむき、クマソをうちとりました。次に関東のエミシを従えるよう命じられました。ヤマトタケルは、その途中で、広い野原で焼きうちにあったり、荒れる海とたたかったりするような困難にあいながらも、関東を征服しました。しかし、その帰り道に、病気でなくなってしまいました。ヤマトタケルは、大きな白い鳥になって、大和のほうへ飛んでいったということです。

現行の小学校歴史教科書における「神話」の扱い

全社が判で押したように、「古事記」、「日本書紀」、「風土記」の簡単な説明、そして、ヤマトタケルの事績のみを採り上げています。「高天原神話、天孫降臨、出雲国譲り、神武天皇の東征の物語」はほとんど取り上げられていません。

さて、日本史の流れの中で、遠き昔から一貫して続いているものは何でしょうか。過去から現在まで、日本社会の中心は何でしょうか。今も昔も、国内外から**最も権威ある存在**として尊重されているお方は誰でしょうか。現在の日本国憲法にも、戦前の大日本帝国憲法にも第1条に記されている事は何でしょうか。今なお、三権の長（立法権における衆議院議長と参議院議長、行政権における内閣総理大臣、司法権における最高裁判所長官）を任命できるのは誰でしょうか。それは、まさしく**天皇**に他なりません。

では、天皇の権威の由来は何でしょうか。それは、日本神話に他なりません。日本は、神話の時代から、歴史時代につながり、現在まで続いている世界でも唯一無二の国なのです。

戦後教育において、日本神話が歴史教科書に記載されたのは、「新しい歴史教科書をつくる会」が発刊した平成13年度の『新しい歴史教科書』（扶桑社）が嚆矢です。まさに画期的なことでした。そして今や、全社の小中学校歴史教科書が、一応、日本神話に関して説明しています。この背景には、学習指導要領の改訂があります。

例えば、小学校『学習指導要領社会第6学年』に次ページ別掲のように書かれています。

各社の日本神話の説明では、東書が一番良くできています。「天孫降臨」が一言説明されています。文教は、記紀の説明が簡単で、風土記の方が詳しいくらいです。

古事記は712年に完成し、日本書紀は720年に完成しました。これらは、

📎 小学校『学習指導要領社会第6学年』の内容

> ア　狩猟・採集や農耕の生活、古墳について調べ、大和朝廷による国土の統一の様子が分かること。その際、神話・伝承を調べ、国の形成に関する考え方などに関心をもつこと。内容の取り扱い
>
> ウ　アの「神話・伝承」については、古事記、日本書紀、風土記などの中から適切なものを取り上げること。（中略）
>
> 　内容の取扱いの（2）のエは、内容の（2）のアにおいて、「神話・伝承」について指導する際の出典の範囲及びそれの取り上げ方を示したものである。
>
> 　ここで取り上げる「神話・伝承」については、「古事記、日本書紀、風土記など」の中から、国の形成に関する考えを学習する上で適切なものを取り上げることを示している。
>
> 　古事記、日本書紀、風土記などには、国が形成されていく過程に関する考え方をくみ取ることのできる、高天原神話、天孫降臨、出雲国譲り、神武天皇の東征の物語、九州の豪族や関東などを平定した日本武尊の物語などが記述されている。
>
> 　ここでの指導に当たっては、これらの神話・伝承の中から児童が興味や関心をもつことのできるものを取り上げ、国の形成に関する当時の人々の考え方などに関心をもつように指導することが大切である。

天武天皇の命により編纂されたもので、神話や伝説も含んだ日本古代の歴史が描かれています。古事記は、日本古来の万葉仮名を漢字で当て字した古代日本語で書かれ、日本書紀は、古代中国語である漢文で書かれています。

　古事記は、太安万侶によって編纂され、日本書紀は舎人親王の指導のもと、編纂されました。記紀は、いまのところ日本最古の文献・歴史書とされています。それゆえ内容のすべてが、神話というわけではありません。いわゆる神話と言われる部分は、古事記では、「上つ巻（3巻中の第1巻）」の神代史のところで、全体の約3分の1です。紀伝体という物語形式で記され、歌や詩的な表現も豊富です。それだけに私たち日本人には親しみやすく感じられます。

　『日本書紀』は、『日本紀』ともよばれ、30巻と系図1巻からなり、「天地

開闢」から持統天皇までの神話・伝承・歴史が、公式記録の形式である編年体で書かれています。その全30巻中、巻１と巻２の２巻が神代です。つまり、全体の約15分の１が神話ということになります。

編年体とは、年代の順に記述する歴史書の書き方で、この形式は、その後の正史と言われる歴史書（『続日本紀』・『日本後紀』・『続日本後紀』・『日本文徳天皇実録』・『日本三代実録』）にも受け継がれていきました。

『日本書紀』の特色の１つに「**一書**」の存在があります。「あるふみ」ともよまれ、異伝承をさします。編纂にあたって、天皇家の皇統を記した『帝紀』や豪族たちの歴史を描いた『旧辞』を中心に、各氏族たちに伝わる家伝や『墓記』、『三国志』や『百済本紀』等の中国や朝鮮の古記録、など多くの資料が使われたためと考えられています。

この「一書」が最も多いのが巻１と巻２の神代です。また、「古事記」において、重要語句の読み方を指定した「訓注」が、特に多いのが上つ巻の神代なのです。このことからも、記紀において、最古の歴史＝神話の世界が注意深く編纂され、いかに大切にされていたかが分かります。

古事記は、天皇の日本（葦原中つ国）の統治（シラス）や皇位継承の正当性を国内に示す目的で編さんされた、神話と天皇家のための歴史書であり、国内向けです。

日本書紀は、唐などの大陸国家や朝鮮半島の新羅などの国々にも通用する正史を編纂する目的で作られたもので、やはり神話と天皇家の正当性を示す歴史書ですが、対外向けです。

いずれにせよ、「記紀神話」が、より具体的な古代国家の様子を知ることができる重要な史料であり、また、神話というものが古代社会を研究する際の基本資料であることは、世界共通の認識です。

古代社会では、先祖を遡れば、みな神々様に行きつくと考えられていました。だから神話の世界と、人や国の歴史はつながっていたのです。神様から離れて久しい現代日本人の感覚からは理解しづらいことでしょう。

　古代人とって神様を祀ることは、多くの場合先祖の神を祀ることでもあり、それゆえ、祭祀を極めて重視していたのです。いわゆる先祖供養や葬送は、仏教伝来とともに始まったわけではありません。そのはるか昔から営まれていたのです。

▌神話とは何か？

　記紀などの古典を使った神話教育に取り組んでいる先生方に伺うと、生徒から必ず、それも勉強のできる生徒から「それって作り話でしょ!?」と言われる、とおっしゃいます。

　平成30年版の中学校歴史教科書（自由社）には、「神話や伝承は、超自然的な物語もふくみ、また後世に改変された部分もあって、ただちに歴史的事実として扱うことはできません。しかし、これらの神話・伝承のもとは、古代の人々が、自分たちの住む国土や自然、社会の成り立ちを、山や海への自然崇拝や稲作祭祀など縄文・弥生以来の信仰などを取り入れながらまとめたものと考えられます」とあります。

　森浩一は、『神話と考古学』のなかで次のように述べています。

> 日本の古典におさめられた神話や伝説が、それぞれの話が実際にあったかどうか、あるいは史実からどのように影響されているかは別にして、少なくともそれぞれの物語の舞台となった土地そのものについては、驚くほど正確で詳しい知識にもとづいて描かれている。

　世界の創世神話は、原始・古代社会の人類に共通する神話的世界観であり、ともに、この世界、この宇宙の始源・根元を示すものです。

　ただ日本神話が、天地開闢（てんちかいびゃく）の物語であるならば、旧約聖書などの神話は、天地創造の物語となっています。すなわち、聖書では、究極的存在＝絶対神が最初に現れ、全てを創造しているのです。

📝 神話とは何か?

① (神話だから) 神々と人との物語。それゆえ人知を超えた超自然的な話が多数出てくる。

② (それは) 古代にあった事象・事実を、古代人が霊感やイマジネーションをまじえて記したもの。実際、発掘調査等の結果、史実が明らかになったケースもあり、作り話でなくほぼ史実だった (トロイ・出雲など) ことも少なくない。

③ (さらに) 民族の始原に関わる伝承であり、各民族のアイデンティティ形成 (根っこ) に資するもの。

④ (つまり) 歴史とは必ずしもイコールではないが、古代人の精神世界や古代史研究の重要な参考・資料となるもの。

必要があれば、補足として、

⑤ (ただし) 現代では、誤った根拠や幻想・作り話という意味にも使われることはある (安全神話・原爆神話等)

いっぽう、日本神話 (『古事記』) では、「無から有」が生じせしめられるといった内容で、世界と日本の始まり (水に浮いた脂がクラゲのように漂った状態、形があるようで無いもの) は、神々の生成とほぼ同時に語られ、世界を創造した究極的存在＝絶対神が表に現れていません (あえて語られていない)。

『古事記』と『日本書紀』に描かれる神話は、ほぼ同じ時期に編さんされ、類似性もあることから、「記紀神話」とも呼ばれていますが、異なる部分も多くあります。例えば、日本書紀には、出雲神話は登場しません。よって「因幡の白兎」の話も古事記だけです。

「因幡の白兎」出雲大社　筆者撮影

天地開闢の物語も異なります。

天上界である高天原が始めからあり、そこに天之御中主神。次に高御産巣日神、が成りませます (次ページ参照)。

📖『古事記』における天地開闢の物語

> 天地初發の時、高天原に成れる神の名は、天之御中主神。次に高御産巣日神、次に神産巣日神。この三柱の神はみな、獨神と成りまして、身を隱したまひき。
> 次に國稚く浮きし脂の如くして、海月なす漂へる時、葦牙の如く萌え騰る物によりて成れる神の名は、宇摩志阿斯訶備比古遅神、次に天之常立神。この二柱の神もまた、獨神と成りまして、身を隱したまひき。（書き下し文：筆者）

　日本書紀では、悠遠なる昔は、天地は未だ分かれず、陰陽も何もない状態（無）から、鶏子（鶏卵の身）のように混沌とした状態であり、澄んで明るいものは、薄く広がって天に、重く濁ったものは地になりました。天となるものは動きやすく、地となるものは固まりにくかったので、天が先に生まれ、次に凝り固まっていき形となり（有）、地が生まれた。そのような中から、神々と、この世界・日本（大八州島）が生まれました。高天原は本文にはなく、国常立神が、最初の神として現れています。

　ところで、「**高天原**」とは、どのような世界を指すのでしょうか。『例解古語辞典』など、ほとんどすべて辞書や全集の注記では、第一義に「神々が住む天上世界」との説明がなされています。

　いっぽう、岩波古典大系『古事記』の補注には、「天上界（人間生活の投影された信仰上の世界）」とあります。この注記は、当代の人々の信仰心が天上界＝高天原世界を創り出したと解していることを意味しています。

　つまり、人間の住む地上の「中つ国」が先にあって、天上世界が想起されたということになります。ここには近代以降の自我中心的（Ego-centric）な思考をみることができます。

　日本書紀の記述は、当時の権力者たち、例えば、藤原不比等らが政治目的のために改変・創出したという言説もあります。当代の為政者が、大陸の王朝国家を手本として、律令国家体制確立を意図していたこと、そして、それが記紀神話へ影響していることについては否定しません。

　しかし、古代は、神話的世界観の時代です。神は上であり、人は神々の下に位置する末裔（子孫）でありました。古代人の精神世界を理解するためには、自我中心的（Ego-centric）な思考ではなく、神中心的（Theo-centric）な発想に近づけることが相応しいように私は考えます。

　古代の人々は、山、森、海、岩、山川草木、神羅万象一切に、神様、あるいは霊（アニマ）が存すると考えました。これを学問的には精霊崇拝（アニミズム）といいます。日本神話では、八百万の神といいます。

　古代人は、雷鳴や暴風、地震や火山噴火など自然現象、また、大空を飛んだり、力のある生き物なども畏れ敬いました。宇宙全体、地球、この世界のすべてが神々の意思によって動いているといる感覚を持っていました。現代人のほとんどが、はるか昔に忘れさったような感覚です。これは、単に未開で遅れたセンスではありません。センスオブワンダー、それは不可思議のものを感知する力ともいえます。今でも、無垢な幼子の魂には残っているところはあります。宇宙意識とも表現できます。

　この宇宙意識は、天才アインシュタインが説いた晩年の言葉である「神はサイコロを振り給わぬ」、すなわち、この宇宙は、偶然によってできたのではなく、必然的にできたものであり、何らかの意思によって動いているという直観です。同じく晩年のアインシュタインが「宇宙に意志あり」と説いたのも宇宙の背後には、意思の発動者がいることを示唆しています。

　古代の人々は、日光や、森や田畑を潤す天水（雨水）、様々な収穫物を与えてくれる大地や海川に感謝の祈りを捧げました。自然現象を神の業として、季節ごとの祭りを行い祈りを捧げました（自然崇拝）。

　また、祖先や村の長老の霊が、日々の暮らしを見守ってくれることを感じ、感謝の祈りを捧げました（祖先崇拝）。

　このような自然崇拝と祖先崇拝は、宗教の原点とも言うことができます。これら自然崇拝と祖先崇拝の斎場が、神社の起源となりました

　古代の人々は、神々と人の関わりを一種の物語の姿で表現しました。それ

が神話です。

　日本神話、ギリシャ神話、ゲルマン神話、北欧神話などには多くの神々が登場します。すべての民族が、かつては、複数の神々を崇拝の対象とする多神教を信じていました。高天原の天照大御神、オリンポス12神の中のゼウスなど、その神々の中にも尊貴分流があったと考えられます。大きな神様、小さな神様、力のある神様、力の弱い神様、宇宙や地球全体が大きな神でもありました。

　やがて、遊牧民族のヘブライ人（古代ユダヤ人）は、地中海東岸のパレスチナに定住するようになり、一神教の神ヤハウェを民族神としました。ユダヤ教です。このユダヤ教から、同じく一神教のキリスト教・イスラム教も生まれました。これらの宗教の聖典『旧約聖書』にも多分に神話的要素を含まれています。

　小学歴史教科書には、「国の成り立ちや、この時代の人々の考えを知る手がかり」になると、神話を学ぶ意義がわずかに記されています。しかし、これだけでは子どもたちは、なんで「作り話」が「手がかり」になるのか分からないだろうと思います。また、神話と伝承、さらには史実の違いを先生がうまく説明しないと、なぜ歴史の授業で神話＝作り話を学ばなければならないのか、子どもたちますます混乱し、よほど意欲や知識がある先生でないと教材作成が大変となるでしょう。

新しい歴史教科書（自由社）　　　国史教科書（令和書籍）

　中学の歴史教科書では、9社中3社の教科書（自由社・育鵬社・令和書籍）には、神話を学ぶ意義がよく書かれています。特に令和書籍では、教科書の最初の項目「日本列島の誕生」を、記紀の「国生み神話」から

書き起こして、無事に文科省の検定に合格しています。このことは画期的で注目に値します。令和書籍以外では、自由社が大小のコラムのみならず教科書本文の一節を日本神話に充てており、神話教育重視の姿勢が明確にうかがわれます。しかし、残念ながら、これらの教科書を採択する、あるいは、採択予定の学校は極めて少ないのが現状です。

高校の歴史教科書では、1社（明成社）のみありましたが、その後、明成社も近現代史中心の教科書『歴史総合』だけは発行して、通史教科書（『日本史探究』）の事業からは撤退したので、現在は、ゼロとなっています。

アメリカの教科書では、以前、天皇や国号、日本の国の始まりについて、日本神話をもとに語っていましたが、このこともほとんど知られておりません。

たとえ良き教材や教科書があったにしても、日本の教師も子どもたちも、神話を正しく学べる機会が著しく少ないといえるでしょう。

日本神話のあらすじ

では、日本神話は、日本の国の始まりをどのように語っているのでしょうか。

天地が分かれて、天上（高天原）には神々が現れました。神世七代ののち、男神のイザナキノミコトと女神のイザナミノミコトが生まれました。両神は夫婦となり、天の浮橋に立って、日本列島の八つの島々を生み落としました（国生み神話）。

イザナキとイザナミは、さらに山の神、海の神、風の神などを生みますが、イザナミは火の神を出産したときのやけどがもとで亡くなってしまいます。イザナキは、愛する妻を連れ戻そうと黄泉の国に行き、亡きイザナミに戻ってくるように頼みますが、「しばし待ってほしい。その間、私のことを見ないでほしい」というイザナミとの約束を守れずに、妻の醜い姿を見てしまい、

驚きのあまり逃げ出してしまいます。

黄泉の国から帰ってきたイザナキは、死のけがれを清めようと川で禊（みそぎ）をしました。目や鼻を洗うと、左目からアマテラスオオミカミ（天照大神）、右目からツクヨミノミコト、鼻からスサノオノミコトの三柱（みはしら）の神が生まれました。アマテラスは太陽を神格化した神で、皇室の祖先神とされ、伊勢神宮にまつられています。

アマテラスの弟スサノオは、高天原で乱暴な振舞いを続け聖域をけがしたので、アマテラスは天の岩戸にこもりました（天の岩戸神話）。

高天原を追放されたスサノオは地上にくだり、八岐大蛇から土地の神の娘を救って妻としました。その子孫に、オオクニヌシノミコト（大国主神）が現れ、出雲地方（島根県）を中心に国土を治めました。因幡の白兎を助けた情け深い神様でもありました。

いっぽう、今の皇室の祖先神とされるアマテラスオオミカミは、高天原で神々と相談し、オオクニヌシに国土を譲りわたすよう、使者のタケミカヅチらを派遣して交渉しました。話し合いの結果、全面戦争という争いを避けるためにオオクニヌシの長子コトシロヌシ（事代主神）は自ら身を引きました。次子タケミナカタは、いったん抵抗したものの、かなわぬとみて諏訪に逃走の末、降参し、再び出雲には戻らないことをタケミカヅチに対して誓約すると、許されました。

こうして、オオクニヌシはアマテラスに国土を譲りました（国譲り神話）。ただし、オオクニヌシは条件を提示しました。

「この国を献上いたします。ただ、私の住み処（か）として、大地の底まで宮柱がとどき、高天原まで千木が高くそびえ立つほどの、大きく立派な神殿をつくり私を祀ることを許していいただきたい。そうすれば、私は引退します」

全面戦争という争いを避けるためにオオクニヌシも息子コトシロヌシ（事代主神）も自ら身を引きました。世界史上における通常なら、国土争奪の凄惨な戦争になるところですが、「国譲り」神話では、統治権の移譲が代表同

出雲大社　国譲り神話に基づく大社（おおやしろ）筆者撮影

士の話し合いで解決している
のです。

　そして、オオクニヌシの
希望どおり巨大神殿を造る
ことが許され、オオクニヌ
シが末永く祀られること
となりました（出雲神話）。

それが今も聖地として名高い出雲大社（いずもおおやしろ）です。勝者は譲歩した敗者を尊重し、国土統一の功績を認め、魂を鎮める祭りを末代まで欠かさなかったのです。

　この物語は、現実世界の実権と精神世界の権威の二重世界があり、精神世界の価値を高くみています。

　古代の日本人は、神話・伝承という形で、こうした譲りあいの精神や姿を描いたのでした。また、壮大な出雲大社の存在は考古学的にも裏付けられました。

　このような素晴らしい日本の伝統精神＝和の尊重、すなわち、争い・戦いを回避するためには、自らを滅するという「無私」の伝統は、その後の日本の歴史にも生き続けています。

　例えば、和を尊重した聖徳太子やその皇子山背大兄王などです。古事記や万葉集などにたびたび登場する「清き明き（赤き）心（清明心）」は、「暗き汚き心（私心〈わたくしごころ〉）」の反意語であり、古代日本倫理思想の中核を成し、一言でいえば、「無私」の精神です。

　古代日本人は、死と再生という循環してやまない生命活動の根源である太陽と水、すなわち、明るく（赤く）暖かい日（陽）ざしの光と、清く澄んだ水（陰）の流れ、といった自然の美の中に、より高次の倫理観や宗教観を見出しています。

　この無私の伝統は、天皇家に継承され、宮中などを警護したサムライたちにも、価値あるものを守るために自らを奉じ犠牲もいとわないという精神の

系譜につながります。武士道精神もその延長線上あるとも考えられます（和辻哲郎『日本倫理思想史』）。

こうして、「三種の神器」をたずさえたニニギノミコトは、神々とともに地上に降りました（天孫降臨神話）。日向（宮崎県）に降り立ったニニギノミコトは、山の神の娘をめとってホオリノミコトを生み、ホオリノミコトは海の神の娘と結ばれて、ウガヤフキアエズノミコトを生みました。その子供がカムヤマトイワレヒコノミコトです（日向三代神話）。

イワレヒコノミコトは天の霊力を血筋として受け継いだだけでなく、山の神や海の神の霊力をもその身体に取りこみました。神の子孫である天皇の生命が有限なのは、三代の結婚によって、天・地・海の血が結合した存在となったことによるとされています。

イワレヒコは、瀬戸内海を経て大和に入り、初代の神武天皇（ハツクニシラススメラミコト）として即位しました（神武東征伝承）。これが大和朝廷の始まりです。神話から伝承、考古学や文献学的な裏付けのある史実へとつながっていくのです。これらが、神話・伝承が語る日本の国の成り立ちです。

神武東征において、日本書紀では、敵対するナガスネビコに苦戦しましたが、光輝く金鵄（金色のトビ）が現れて神武天皇の弓にとまり、その輝きによって敵の兵士の目をくらませました。そのおかげで、無事、戦いに勝利しました。

神武天皇は、この金鵄とともに絵画などで描かれることが多いですが、中学歴史教科書（自由社・育鵬社）には、案内役の八咫烏の方が、ＪＦＡ（日本サッカー協会）のマークとして登場しています。

▌ 神話・伝承・史実

歴史の長い国・民族の始まりは、神話で語られることが多いのが通常です。つまり、**神々の物語である神話と先史考古学・人類学・文献史学とは、未分**

化な部分もあります。例えば、神話・伝承の中から、新たな歴史的発見がなされた例もあり、史実となるケースもあります。神話・伝承・史実の区別があるものの、古代史部分では、明確な線引きは難しいと言わざるを得ません。

神武東征も神話というより、むしろ伝承です。弥生文化の東漸という考古学的な裏付けもあり、即位年ＢＣ660年については未確定ではありますが、神武天皇実在説を主張する研究者も少なくありません。

さて、ここまで読んだ読者は、不思議に思うでしょう。神武天皇の東征が、史実に近い「伝承」であるならば、これよりもさらに時代が新しい日本武尊（ヤマトタケル）が、小学校教科書に「神話」として載っているのはどうなのかと。

各社のコラム「神話で書かれた国の成り立ち」には、指導要領に則り『記紀』と『風土記』を簡単に紹介し、『記紀』に日本という国の始まりや成り立ちが示されていること、また例として、ヤマトタケルの話を挙げています。

ただ、「記紀」を歴史書ではなく、単に「神話」と記している点は残念です。神話という言葉から、史実はなく、荒唐無稽な作り話との印象付けが感じられます。かりに神話としも、その中にも史実が反映されたものは少なくないことはすでに述べた通りです。特に『日本書紀』は、一応、日本の「正史」とされています。教科書執筆者には歴史書としての認識がないように感じます。

各社のコラムには「神話の中のヤマトタケル」との記載がありますが、大和朝廷が始まり、第12代景行天皇の息子であるヤマトタケルの事績も、神話というよりも伝承です。焼津や走水、木更津、吾妻など縁の地名が今も残されています。

ヤマトタケルの英雄伝説

ヤマトタケルノミコト（『日本書紀』では日本武尊、『古事記』では倭建

命）は、第12代景行天皇の息子で実在の人物とも考えられます。

　古事記によると、ヤマトタケルは、気性の荒い少年で、実兄をいとも簡単、かつ無残に殺害してしまう残虐性が描かれています。その残虐性を驚き、恐れた父の景行天皇が、ヤマトタケルを遠ざける手段として遠征に向かわせた様子が描かれています。

　一方の日本書紀では、実兄を殺害したという記述はなく、武勇に富んだ皇子として描かれます。九州の熊襲（くまそ）征討も父の景行天皇が先陣をきって遠征したことになっていて、そのあと、再度、反抗した熊襲をヤマトタケルが討ちに行くという設定で書かれています。また、東国遠征は自ら進んで向かい、父の景行天皇もその勇敢さを称えています。

　日本書紀では、ヤマトタケルは父帝に素直で、勇敢な皇子として描かれています。さらに、日本書紀には、ヤマトタケルが出雲に滞在したという記述はなく、ヤマトタケルが出雲猛を倒したことが書かかれているは古事記の方です。

　父・景行天皇から熊襲猛（タケル）兄弟を捕らえるよう命じられたヤマトタケルは、九州へ旅立ちました。熊襲猛兄弟の新築の宴に、女装したヤマトタケルはうまく紛れ込み、兄に近づいて酔わせ殺害し、逃げる弟の尻に剣を串刺しして討ち取りました。

　私は、ヤマトタケル伝承から次の3つのことを感じました。

①英雄伝説

　単身、賊の本拠地に乗り込むという勇気、女装したヤマトタケルには兄弟を油断させて討ち取る知略がある。いっぽう熊襲猛兄弟は、酒と若い女性には弱い。宴席で、新入りの女性を怪しまずに近づけているし、油断や自分たちの武勇への驕りがあった。

　しかし、それ以上に、私は熊襲猛兄弟に同情しました。

②ヤマトタケルは正々堂々と戦わず、だまして討ち取る

③ヤマトタケルは残酷

　それに比して、熊襲猛は、自分たちを騙し不意打ちしたにもかかわらず、自分たち兄弟に討ち勝った相手に対する敬意を持ち、「これからはヤマト猛<ruby>猛<rt>タケル</rt></ruby>とお名乗り下さい」と尊称まで授けています。

　いっぽう、ヤマトタケルには、敗者への憐みの情がなく、熊襲猛を、熟れた瓜を断ち切るように斬殺したのです。重傷を負った熊襲猛に情け容赦ない一撃を食らわす様が浮かびます。

　さらに古事記によれば、ヤマトタケルは、熊襲猛を、天皇の命で討伐したのち（正確には天皇は殺せとは言ってないのでは）、今度は、天皇の命もないのに帰途に出雲に入りました。そして武勇に優れた出雲猛を殺そうと考えました。一計を案じたヤマトタケルは、まず出雲猛と親しくなりました。

　ヤマトタケルはイチイの木で木刀を作り、偽の刀を腰におびること（佩刀<ruby>佩<rt>はい</rt></ruby><ruby>刀<rt>とう</rt></ruby>）にしました。そして、出雲猛と斐伊川で水浴した際、先に川から上がり、出雲猛の刀を身に着けました。そして、出雲猛と刀の交換を提案したのです。後から川から上がった出雲猛はヤマトタケルを信じて提案を受け入れ、偽の刀と知らず身につけました。そこで、勝負を挑んできたヤマトタケルに対して、出雲猛は刀を抜くことが出来ず、ヤマトタケルに簡単に斬殺されてしまいました。

　このとき、ヤマトタケルは次の歌を詠んだとされます。

　「やつめさす　出雲猛が佩ける大刀　黒葛多纏き　さ身無しにあはれ」

　友人関係を結んだ出雲猛を騙し討ちで殺害し、いざ抜こうにも刀身がないことで、さぞかし慌てたであろう出雲猛を「あはれ」とは、いったいどのような神経なのでしょうか。信じた友にいとも簡単にだまされ、いとも簡単に殺されてしまった出雲猛の何が感動的なのでしょうか。
「あはれ」は、もともと、感動を覚えて自然に発する叫びから生まれた語で、しみじみと心に深く感じる情緒や美を表す感動詞です。深く感動した時に発する声。「ああ」という感嘆の声です。

「気の毒だ。かわいそうだ。いたわしい」、「悲しい。さびしい」、「立派だ。すぐれている」、「人を深く感じさせる。感心だ」との意味もありますが、主に平安時代以降の意味とされます。

　古事記を読む限り、ここでもヤマトタケルは正々堂々と戦わず、だまして討ち取り、敗者への憐みがない残酷な心情の持ち主のようです。そのため、私はヤマトタケルに良い印象を持っておらず、父の景行天皇が、ヤマトタケルを遠ざけるのも分かる気がしました。

　しかし、今となっては、ヤマトタケルの行動は、国土統一の過程では、やむ得ない殺傷とも考えられます。また、猛者に対するだまし討ちも、軍勢同士が全面対決をして、多くの犠牲者を出してしまわないための一種の智慧とも考えられます。記紀には、このような事例はヤマトタケル以外にいくつかありますが、国土統一が難事業であったことを教えてくれます。

　ヤマトタケルの伝説では、良い話もあります。ヤマトタケルは、草薙剣で焼け野原から脱出し、その際、お妃の弟橘姫を捨て身で救出しました。東国平定では、投降した蝦夷たちを殺さず、各地に護送しました。

　草薙剣は、日本武尊が東国平定に向かう時、伊勢に立ち寄り倭姫命から譲り受けた神剣です。日本武尊はこの剣で命拾いし、東国平定を成し遂げるのですが、最後は、鈴鹿の伊吹山で亡くなってしまったため、妃の宮簀媛が尾張の地に熱田神宮を建ててこの剣を祀りました。

　とにかく、3社の教科書は、ヤマトタケルばかりです。確かにヤマトタケルは、特に日本書紀で、国土統一における伝説的な英雄となっているからなのでしょう。

神武天皇を教科書に

　しかし、学習指導要領でも、例として、神武天皇、そして、ヤマトタケルを挙げているように、まずは、神武天皇の事績を採り上げてほしいものです。

ヤマトタケルは教材として不適切だとは思いませんし、よき事績は伝える価値はありますが、神話・伝承の教育としては、少なくとも初代天皇とされる神武天皇を採り上げるべきであり、その方がさらに教育的に価値があると感じます。

その際、神武天皇の曾祖父にあたる瓊瓊杵尊（日向三代の初代）への三大神勅「天壌無窮の神勅」・「宝鏡奉斎の神勅」、稲穂と共に授けられた「斎庭稲穂の神勅」に触れたり、特に神武天皇の「八紘一宇」のご精神は、ぜひ正しく後世に伝えてゆきたいものです。

そのためには、教育者ならびに教育施策者の側も、神武天皇をことさら排除するのをやめ、虚心坦懐に学んでいく姿勢が大切になってまいります。今後の教員養成課程においても、また教員採用試験においても、神話教育の然るべき位置づけが肝心かと拝察します。

日本の「肇国」と神話の意義

日本の皇室は、世界最古かつ最長の王室であり、その権威の由来の１つが、日本神話にあります。

また、日本という国は「建国」ではなく、より正確に言うと、御神意によって新たに「国が肇られた」という「肇国」です。「教育ニ関スル勅語（教育勅語）」でも、この「肇国」が用いられており、これは明治天皇の強い御意志であられたとされます。

> 「朕惟ふに、我が皇祖皇宗、国を肇むること宏遠に、徳を樹つること深厚なり」（天皇である私が思うに、私の祖先の神々や祖先の天皇様によって、この国が始められたのは遙か遠い昔のことであり、それは、広大無辺な理想のもと道義国家実現のために、日本の国をおはじめになったである。現代語訳：筆者）

　神武天皇以前の皇祖神から国のひな型（原型）がはじまり、神武天皇のいわゆる「建国」から、最終的には約千年後の天武天皇で、天皇による統一国家は完成をみたと考えられます。

　美智子上皇后陛下はこう仰っています。

> 「一国の神話や伝説は正確な史実ではないかもしれませんが、不思議とその民族を象徴します。（中略）それぞれの国や地域の人々が、どのような自然観や生死観を持っていたか、何を尊び、何を恐れたか、どのような想像力をもっていたか等が、うっすらとですが感じられます。（中略）神話伝説の本は、私に個々の家族以外にも、民族の共通の祖先があることを教えたという意味で、私に根っこのようなものを与えてくれました」（『橋をかける』）

　「根っこ」とは、「心と魂がよって立つべきところ」と解します。**グローバリズムの激流の中で、日本の子どもたちの「生きる力」を健全に育成するうえでは、この「根っこ」が何より大事です。**

　日本神話には、世界と日本の国の成り立ちが示されています。教科書には、神話・伝承の意義や価値について、適切な例を挙げ、小学生にも分かるように記し、この「根っこ」を育てておく必要があります。

　日本という国が、神々によってつくられた尊い国柄であり、この国に生まれ育ったことに感謝と喜び（自己肯定感）が健全に育まれていけば、祖国の持続可能な発展と世界の恒久平和に真に貢献できる人財へとさらに昇華していくことでしょう。

第2章

縄文時代

先史時代を軽視すると文化の起源が見えません
国家が成立する前から、人々は文化を紡いできました
認識を更新し、事実を追求したいものです

執筆：**松浦明博**

縄文時代の
人たちは文化的な
生活をしていた
と聞きました

それに加えて
エコな共生社会で
我々のお手本
かもしれないよ

土偶や勾玉を
作る技術も
すごいですね

縄文時代
についての各社の記述

東京書籍	日本文教出版	教育出版
縄文時代は、1万年近くも続いたそうです。 　およそ1万2000年前から約1万年近くは、縄文時代とよばれています。	今から約1万2000年前から約2300年前まで続いた時代。 　今から約1万2000年前から、人々は貝や木の実を集めたり、シカやイノシシなどの動物や魚などを、石や骨でつくった道具でとったりして、食料とするくらしをはじめました。	縄文時代は、今から1万2000年ほど前に始まり、1万年近く続きました。

▌ 最新の教科書でありながら、縄文文化の記述は一昔前のまま

　各社教科書の縄文時代に関する記述は、三内丸山遺跡を中心に図版や写真も豊富ですが、背景にある縄文文化への歴史認識は周回遅れといえましょう。

　そもそもどうしてずっと昔、それも何万・何千年前のことが分かるのでしょうか。それは、年代測定法があるからです。「年代」には大きく分けて、「相対年代」と「絶対年代」の2つの種類があります。

　相対年代は、遺物や遺跡の年代があるもの（示標）より「古いか新しいか」を決定する方法ですが、正確な暦を示すものではありません。相対年代では層位や型式が示標となります。層位法（地層の層序を確定して遺物の新旧を判断する方法）や型式編年法などです。例えば、亀ヶ岡遺跡（青森県津軽）の土器を基準とすると、縄文時代晩期の型式です。また、形は尖底・深鉢形土器で、紋様は無文、豆粒文、隆帯（隆起線）文、爪形文などは、おもに縄文時代草創期の土器形式です。

　絶対年代は、ある遺物や遺構、遺跡に対して数値的な年代を与えるもので

す。考古学者が最もよく利用する放射性炭素年代測定（14Ｃ年代測定）が代表例です。過去5万年間に適用可能です。

　放射性炭素（14Ｃ）は炭素の同位体の1つで、食物連鎖によって生物に取り込まれます。

　遺跡に残る植物片や骨、燃料に使った木炭や、建物等の木材、食べカスの貝など、すべての有機物に炭素が含まれています。放射性元素が元の数の半分に減少する時間を「半減期」といい、14Ｃ年代測定法は、有機体の中に存する14Ｃの半減期を測定し年代を特定する方法です。現在の日本では最も一般的です。14Ｃの半減期は5730年です。仮に土器の中から見つかったニワトコの実の14Ｃ量が半分に減っていたなら、5730年経過したことが分かり、その土器は約5730年前に使用されたものとなります。

　しかし、大気中の14Ｃ濃度は変動するので、14Ｃ年代と実際の年代（暦年代）の間にはずれがあります。このずれを補正し、暦年代に近づける作業（暦年較正、または単に較正）が必要です。そのため、14Ｃ年代測定法を補正した較正年代が欧米では一般的となっています。14Ｃ年代測定法とその補正により、縄文時代草創期の土器は、約16500年前と判定され、世界最古級ということが示されました。国立歴史民俗博物館等では、この較正年代を積極的に使用していますが、残念ながら、まだ日本では一般的ではありません。

縄文時代（1万数千年）の年代区分

	較正していない年代＝暦年代ではない	較正した年代＝暦年代
草創期	1万3000年前～	1万6500年前～
早期	9000年前～	1万1000年前～
前期	6000年前～	7000年前～
中期	4500年前～	5500年前～
後期	3500年前～	4500年前～
晩期	2800～2300年前	3300～2800年前

　すでに平成27年版の中学校歴史教科書（自由社）では、国立歴史民俗博物館の展示表記と同様に、較正年代を採用し、「約１万6000年前ごろから紀元前４世紀ごろまでの約１万数千年間を縄文時代」と表記して検定に合格しています。令和７年版令和書籍の中学校歴史教科書も「16300年前の土器」と記しています。育鵬社等でも「約１万5000年から紀元前４世紀ごろまでを縄文時代」とあり、較正年代を前提に、**少なくとも「縄文時代が約１万5000年前から」が現在の多くの研究者の共通認識**です。小学校歴史教科書でも、せめて、「少なくとも１万年以上続いた」、あるいは「１万数千年間続いた」と書いてほしいものです。

■ 縄文時代の前は日本の歴史がなかった？

　東京書籍、日本文教出版、教育出版、いずれの教科書も縄文時代から始まっています。

　年表も、文教出版で、およそ１万2000年前からの縄文時代があるのみです。東京書籍は、約5500年前で、おそらく三内丸山遺跡の開始時期に合わせたものです。教育出版にいたっては、縄文時代と書いているだけで、年数もなく年表の幅もわずかです。

　各社とも縄文時代の前は、日本の歴史は無かったようになっています。小学校教科書は、日本人の生活の始まり、日本文化の起源、というものを軽視しているのでしょうか。

　まずは、小学校『学習指導要領社会第６学年』をみてみましょう。「我が国の伝統や文化が長い歴史を経て築かれてきたもの」、そして、「そうした遠い祖先の生活や、人々の工夫や努力が今日の自分たちの生活と深く関わっていることに気付くことができるようにすることが大切」、まさしくその通りです。これこそ歴史教育の主たる目標の１つであるかと考えます。

　では、いつごろから日本人の祖先の生活や営みが始まったのでしょうか？

📖 小学校『学習指導要領社会第6学年』

狩猟・採集や農耕の生活については、貝塚や集落跡などの遺跡、土器などの遺物や、水田跡の遺跡や農具などの当時の遺物が残されていること、日本列島では長い期間、豊かな自然の中で狩猟や採集の生活が営まれていたこと、（略）

例えば、貝塚や集落跡などの遺跡、土器などの遺物について、地域にある博物館や資料館などを利用して調べたり、身近な地域に残されている古墳を観察・見学したり、当時の様子や人物の働きなどを資料で調べたりして、年表などにまとめることなどが考えられる。ここでは、博物館や資料館などを見学して適切に情報を集める技能、年表などの資料から出来事やその時期の情報を読み取る技能、調べたことを年表などに適切に整理する技能などを身に付けるようにすることが大切である。

第3章　各学年の目標及び内容

我が国の伝統や文化が長い歴史を経て築かれてきたものであること、そうした遠い祖先の生活や、人々の工夫や努力が今日の自分たちの生活と深く関わっていることに気付くことができるようにすることが大切。

　児童生徒のみならず、多くの日本人が、今なお、弥生時代や縄文時代と、答えることが多いようです。しかし、すでに昭和24（1949）年、相澤忠洋の「岩宿の発見」と、その後の学術調査によって、日本人の生活の跡は、旧石器時代まで、少なくとも約4万年近く前まで、さかのぼることが明らかになっています。

　では、どうして多くの日本人が、今なお、弥生時代や縄文時代と、答えることが多いのでしょうか。

　それは教育の問題。さらに、学習指導要領にも問題があると感じます。

　ただ、これでもまだ良くなった方なのです。平成10（1998）年の小学校学習指導要領改訂によって、旧石器時代と縄文時代（新石器時代）は一時、小学校教科書からまったく消えてしまいました。

　平成20（2008）年に、ようやく縄文文化だけは復活しましたが、「貝塚や集落跡などの遺跡、土器などの遺物」について調べるという表記にとどまり、

人類史のはじまり（旧石器文化）については盛り込まれませんでした。日本考古学協会は、平成26（2014）年に「小学校学習指導要領の改訂に対する声明」を発表して、改善を求めました。表を参照ください。

　教育基本法にもふれ、良く練られた声明文だと思います。にもかかわらず、

📰 小学校学習指導要領の改訂に対する声明

（前略）、小学校の歴史教科書に縄文時代の記述が復活したことは大きく評価されます。

　しかし、『小学校学習指導要領解説　社会編』では、その具体的な内容として「貝塚や集落跡などの遺跡、土器などの遺物」について調べるという表記にとどまり、狩猟・採集の生活を営んだ日本における人類史のはじまりについての説明がありません。そのため旧石器時代について、本文で明確に位置付けられた教科書はなく、年表でも旧石器時代の名称が記載されていないという状況にあります。

　旧石器時代の研究については、1949年の群馬県岩宿遺跡の調査以降、全国で１万ヶ所を超える遺跡の発見と調査事例の蓄積があります。そして、半世紀を越える研究によって、今日に連なる生活の技術や多様な環境を克服してきた社会の仕組みが具体的に解明されています。我が国の歴史を学ぶ上で、旧石器時代からはじまる歴史の推移と長く厳しい環境を克服してきた先人の営みが教科書の記述で取り扱われない現状は、学問の成果を教育に活かすという考えに逆行するものです。
（中略）これまでも中学校の社会科（歴史的分野）においては、世界史的視野で人類の出現と旧石器時代の生活・文化について扱っていますが、歴史を最初に学ぶ小学校段階で旧石器時代について学習することで、小・中・高等学校の学習内容の連続性を意識した学習が進み、「伝統と文化の尊重、それらをはぐくんできた我が国と郷土を愛し、他国を尊重し、国際社会の平和と発展に寄与」するとした教育基本法の理念を具現化するものと考えます。

　私たちは、人々の生活や社会の営みをより具体的に復元することのできる考古学の成果が歴史教育に活用されるよう、今後ともこの問題への取り組みを継続し、改善に向けての協力を惜しまない所存です。考古学を通じて、子ども達が我が国の歴史や先人の知恵を学び、よりよい未来に向けて逞しく育ってくれることを願ってやみません。（後略）

学習指導要領の改善はありません。おそらくは次のようなことが理由として考えられます。

① 「原始」は重要度が低い（入学試験にも出題は少ない）という認識
② 石器文化は遺物の種類が少なく、人物も登場せず面白味に欠けるという認識
③ 日本の原始・古代文化は、すべて中国や朝鮮半島からの伝来との先入観（中韓従属史観）
④ 水田稲作や国の始まりは弥生時代からなので歴史教育ではそちらを重視
⑤ 日本が極めて古い歴史を有する国であるということで愛国心高揚に繋がることへの危惧
⑥ 2000（平成12年）年の旧石器捏造事件（藤村氏が関与した前期・中期旧石器時代の遺物が自作自演の捏造だと発覚した事件）の反省
⑦ 日本人の特性である謙遜の美徳（日本の歴史の古さは大したことがない・日本太古の歴史には誇るべきものはない）
⑧ 人類文化の起源や最新の発掘成果への無関心と知識不足

さらに学習指導要領をみていきましょう（次ページ参照）。

今の小学校歴史教科書のどこに **私たちの祖先は世界に誇ることのできる、日本固有の伝統や文化を育んできたこと** が書いてあるのでしょうか？

子どもたちが、心底、誇らしいと思える内容はいったいどこにあるのでしょうか？ あったら教えてほしいものです。

全社の教科書は、弥生時代から始まって、古代のどこもかしこも、「大陸に学んだ、朝鮮に学んだ」ばかりの記述です。法律や歴史についての書物、仏教の経典などを受容したのは史実ですが、日本列島における世界最古級の定住の開始、土器の製作、ヒスイ加工、など、小学校教科書には、現時点で一切書かれていません。唯一、法隆寺の写真説明に「現存する世界最古の木

🎞 学習指導要領

内容の取扱いの（2）（略）、歴史学習全体を通して、我が国は長い歴史をもち伝統や文化を育んできたこと、我が国の歴史は政治の中心地や世の中の様子などによって幾つかの時期に分けられることに気付くようにするとともに、現在の自分たちの生活と過去の出来事との関わりを考えたり、過去の出来事を基に現在及び将来の発展を考えたりするなど、歴史を学ぶ意味を考えるようにすること。」（略）、「我が国が歩んできた大まかな歴史を理解できるようにする。その際、我が国は遠い祖先からの長い歴史をもち、その間、私たちの祖先は世界に誇ることのできる、日本固有の伝統や文化を育んできたこと。（下線筆者）

教育出版

「中国や朝鮮半島の国々から移り住んだ渡来人の高度な技術が生かされました。」
「遣唐使は、中国の進んだ政治のしくみや大陸の文化を学びました。そして、法律や歴史についての書物や、仏教の経典などを手に入れて、日本に持ち帰りました。」

造建築」（東書・文教・教育）とあるのみです。これだけでは、日本が文化的に遅れていたと刷り込まれてしまいます。

　私は、生徒への授業、大学生への講義の中で、日本史における世界最古の事例をいくつも取り上げました。学生たちは、**「日本のことを誇らしく思える」「こんな大事なことが、なぜ教えられてこなかったのか」**といくつも感想に書いてきました[注1]。

　物まねでない、日本人ならではの先駆的な取り組み、新たな発見・発明、パイオニアや偉人伝を載せてこそ小学校歴史教科書だと思います。中学校歴史教科書としては、日本史における世界最古の例を最も多く示した教科書が、平成27年度版以来からの自由社の『新しい歴史教科書』となっています。また、今回、初めて検定合格した令和7年版の令和書籍の中学校歴史教科書も日本における世界最古の事例を複数挙げています。

縄文文化
についての各社の記述

東京書籍	日本文教出版	教育出版
「何日も食べ物が手に入らなかったことが多かったようです。食べ物がないと、安心してくらせないよね。」	「自然のめぐみでくらしていたから、食べ物が手に入らないこともあったんじゃないかな。」 「当時の人々は、クリやくるみなどをさいばいしていたけれど、米はまだ作られていないんだね。」	「（縄文時代から弥生時代になって）食べ物を安定して手に入れることができるようになり、人口が増え、むらが大きくなっていった」

縄文文化は定住型の狩猟・採集文化

東書の縄文文化に関する基本認識はひどいものです。文教は、栽培に言及しており評価できます。『学習指導要領社会第6学年』に次のように書かれています。

> 内容　　ア　狩猟・採集や農耕の生活、古墳について調べ、大和朝廷による国土の統一の様子が分かること。

日本列島における狩猟・採集社会の様子を正確に科学的な知見に基づいて伝えるべきです。ところが、ほとんどの教科書は、狩猟採集文化である縄文文化が、貧しく不安定な生活という固定観念に囚われています。「何日も食べ物が手に入らなかったことが多かったようです」は、何を根拠に書いているのでしょうか。まさに児童に「誤解を与える」表現です。

確かに、縄文時代の人骨には、時期や地域により、栄養不足のため成長の止まった「飢餓線」がみられる例があります。例えば、昭和24年に発見さ

れた横須賀市平坂貝塚の人骨例が有名ですが、この少数の事例が必要以上に取り上げられ、マルクス主義の唯物史観へと誘導されたのでしょうか。すなわち、原始共産制は貧しく遅れているという、縄文文化には当てはまらない、今や時代遅れの歴史観＝唯物論的な進歩史観に基づいているのです。

　本当に縄文時代は、貧しく不安定な社会だったのでしょうか。弥生時代になって、本当に安定した社会になったのでしょうか。

　定住生活とは、1つの決まったところに住み続けて生活をすること、つまり、仕事をしたり、家族と暮らしたり、遊んだり、祈りをささげたりすることです。定住生活によって、生活の知恵が子孫に伝承され文化を営むことができ、それがやがて文明の元になるのです。

　旧石器時代の人々は一時的なキャンプにくらし、食料を求めながら移動する不安定な生活とされてきました。

　しかし、日本列島では、「定住」の兆しは旧石器時代からあった、と主張され始めています。大型キャンプサイトが群馬県や千葉県などで、少なからず発掘されていることから、すでに一定期間の定住生活を営んでいたと考えられます[注2]。

定住集落である鹿児島県「上野原遺跡」の復元住居。
52棟の竪穴住居跡がある「縄文の村」。
縄文時代早期頃（約10500年前）　筆者撮影

これまで「縄文文化の中心地は、東北、関東、中部などの東日本」との見方がほぼ定説となっています。「北海道・北東北の縄文遺跡群」が、「自然と人間が共生し、約1万年もの間にわたって営まれた世界史上稀有な先史時代の文化」として世界遺産に登録されました。

同時に、南九州の縄文時代草創期・早期の遺跡群（写真）も

縄文時代が定住文化だったことを示す遺跡一覧

　平成9年、立切遺跡（鹿児島県中種子町）の後期旧石器時代初頭（3万5000年前）の地層から、貯蔵用土坑2基、建物の柱跡、調理用の礫群2基、焼土跡14か所などの遺構、磨石、叩石、台石、砥石、打製石斧、局部磨製石斧等の石器群（写真）が多数出土しました。木の実を採集・加工し、ある程度の定住が認められる生活跡と考えられています。同県の横峯C遺跡とともに貴重であり、歴史教育の場でも注目されることを期待します。

　縄文草創期においては、例えば、最古の土偶が発見された三重県粥見井尻遺跡のように、2～3戸程度の小規模な定住生活を形成していたと考えています。

　また、縄文時代草創期中葉（約1万2000～1万1000年前）の集落である鹿児島県栫ノ原遺跡・掃除山遺跡などでは、竪穴住居跡とその周囲に遺存する舟形配石炉・土坑等に加え、煙道付炉穴（連結土坑）という複雑で高度な遺構が出現してきます。長楕円形の土坑内からは火を焚く際の燃料となる植物性の脂肪酸が検出され、薫煙部と考えられる円形の土坑内からは猪に類似する動物性の脂肪酸が検出されたことから、燻製施設説を裏付けます[注3・4]。煙道付炉穴は世界最古の燻製施設でしょう。

　鹿児島県上野原遺跡は、早期初頭（1万500年前）の定住集落で、集落と水場とを結ぶ2筋の道路跡に沿う52棟の竪穴住居群（同時期には最大で10～13棟、人口約50人）を中心に、140基の蒸し焼き調理用集石遺構や16基の煙道付炉穴、270基の土坑など大量の施設をもった生活跡が次々と発見されました。現時点では世界最古級の本格的な定住集落です。

　上野原遺跡の縄文早期後葉（約7500年前）にも、鉢形土器など多様な土器・土偶・耳栓・土製円盤などの土製品や磨製石器・有孔円盤など石製品等が約15万点以上も出土しました。

　特に、2個の完全型の壺型土器の発見で、弥生時代に主に貯蔵用として使われた壺形土器が、すでに約5000年遡る縄文早期後葉に使用されていたこととなり、壺形土器の出現は南九州が最初であることが明らかとなりました[注5]。

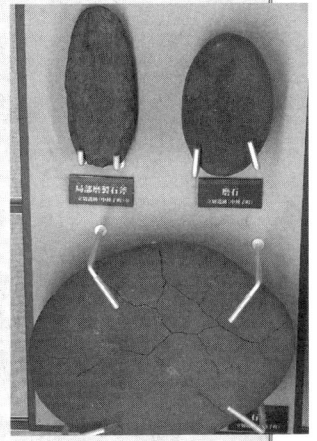

鹿児島県立切遺跡の台石・磨石・局部磨製石斧　上野原縄文の森展示館所蔵

また、人類の定住生活と栽培の起源に関わる貴重な事例として、世界遺産登録に値するとも考えられます。

ただし、7300年前の鬼界カルデラ噴火などで、南九州の縄文文化先進地域は壊滅的な被害を受け、多くの縄文人は国内外の各地に移住していったと考えられます。

世界最古の土器＝縄文式土器

世界的には旧石器時代の終わりころ、日本の縄文時代の人々は、すでに長期にわたる定住生活に必要な要素をいくつか手に入れていました。その1つは、安定した食料の確保です。狩猟・採集の生活は、年や季節によって食料がたくさん得られるときとそうでないときがありました。たくさん食料が採れ、一度に食べきれないときはどうしたのでしょうか。

そう、貯蔵・保存したのです（写真）。これまで世界最古の文明と言われた中東では、約12500年前の貯蔵穴が見つかっています。日本では、縄文

縄文時代中期の貯蔵穴群　黒茶色のフラスコ状のところが木の実の大量に保存された場所。
青森県館野遺跡（青森県埋蔵文化財調査センター提供）

草創期の鹿児島県黒土田遺跡から土器12点や石器、石で組んだ炉の跡のほかに貯蔵穴が発見されています。この貯蔵穴には炭化したクヌギ・カシといったコナラ類（ドングリの一種）がびっしりとつまっていました。最新の科学で調べると約13400年前のものと分かりました^(注6)。[注6]

また、約12600年前の鹿児島県栫ノ原遺跡などから、竪穴式の住居跡、煙道つき炉穴（世界最古級の燻製施設）のほか、土器や磨製石器、木の実をすりつぶす時に使った石皿や磨石などが多数、出土しています。縄文の人々は、これらの道具で木の実を小麦粉のように粉にして保存食を作ったのです。これら多数の道具は、移動するには重すぎ、このことからも定住生活をしていたことが分かります。

縄文人は、照葉樹や落葉広葉樹の森の囲まれた生活の中で豊富な木の実を食べていました。くりやくるみ、しいなどの木の実はそのままでも焼いても食べられますが、大量に採集できるドングリ（コナラ・ミズナラなど）はアク（渋み・苦み）が強くて食べられません。では、あり余るほどのドングリをどうしたでしょうか。

縄文人は、粘土をたくみに焼いて、煮炊きの道具を作りました。土器の発明です。そして、どんぐりのアクが灰をまぜて煮れば消えてしまうことをみつけました。青森県大平山元Ⅰ遺跡から約16900年前の世界最古級の土器が発見されました。土器の内側には、焦げた炭化物が付いており、このことから煮炊きに使ったことがわかりました。日本列島では、すでに旧石器時代から磨製石器を使っており（約3万5000年前）、本格的な農業や牧畜の開始は遅れましたが、磨製石器と土器の使用から、日本は世界で最も早く新石器時代に移行したといえるかもしれません。

土器のおかげで、木の実のほかにアクの強い野草や根菜類、硬い肉や貝類も食べることができ、食材の種類がいっきに広がりました。さらに煮たあとのスープも飲めたし、乾燥させて干し肉や干し貝などをつくり保存することもできました。煮たりゆでたりすると、柔らかく食べやすく味もよくなり、

子供やお年寄り、病気の人にも消化しやすく栄養を補給することができるようになりました。

　また、土器は貯蔵や発酵にも使われました。新潟県分谷地A遺跡では、二

コラム column

「縄文の都」三内丸山遺跡

　青森県の三内丸山遺跡は、縄文時代前期（5900年前頃）から中期（4300年前頃）までの約1500年以上存在した「縄文の都」ともいえる大規模な集落跡です。40ヘクタール（東京ドーム約9個分）の広さに住居、大型建物、高床式倉庫、墓、盛土、道路、貯蔵穴、ゴミ捨て場（貝塚とは別に）、トイレなどが計画的に配置されています。1000棟以上もの住居跡、35棟の高床式倉庫のほかに、10棟以上の大型竪穴建物が確認されており、また、太さ1メートルの柱で建てた高さ約15メートルの大型建物は、柱の間隔、幅、深さが4.2メートル、2メートル、2メートルで統一されています。4.2メートルは35センチメートルの倍数で、これを単位として他の建物や遺跡にも応用されており「縄文尺」と呼ばれています。6本の柱は上部の重さを支えるため、すべて内側に少し傾けてあり、内転びという技法が用いられていました。また、飛鳥時代にみられる版築という技法が土台工事にすでに施され、柱本体も腐食防止のため表面だけを焦がしてありました。夏至の太陽がほぼ正面から昇るように設計されていることから、単に物見やぐらとしてだけでなく、神殿ではないかと

食料などを貯蔵した高床式倉庫　三内丸山
遺跡　筆者撮影

大型建物（長さ32m、幅9m）三内丸山遺跡
筆者撮影

ワトコやヤマブドウの実等、約10種類の木の実が入っていた容器（サクラの木をくり貫いて作った）の出土例もあり、縄文人は、果実酒（薬酒）の精製など発酵技術も活用していたと推定されます。

6本柱の柱痕（栗）が残る約2mの柱穴
筆者撮影

の説もあります。

　大量の土器や土偶なども発掘され、最盛期には500人以上の人々が生活していたと考えられています。どうやって、これだけの多くの人々が、同じところに1500年もの長い間、定住することができたのでしょうか。それは季節を通じて食料の確保がはかられていたからです。調査の結果、三内丸山の人々の食べ物は、７割がクリ、ヒエ、ヒョウタンといった植物性のものだったことが分かっています。海産物が豊富にとれる地域ですが、食料を安定的に確保するため、なんと、三内丸山の人々は、クリやクルミなどを大量に栽培し主食にしていたのです。このころ日本列島は、温暖化のため海面が現代よりも５メートル高く、入江や浅瀬がたくさんあり、魚介類の宝庫でした。縄文人たちは、豊かな森の恵みや魚介類に加え、栗やエゴマ、ヒョウタン、イモなど有用植物の管理・栽培も行い、安定した食料の確保をはかっていました。木製の農耕具も出土しています。現代人のよりも栄養価の高い食事をしていたというデータもあります（図表『青い森の縄文人とその社会』）。また、5500年前頃の泥炭層からは、各種の木製品・骨製品・石製品・漆器、衣服の一部であった平織りの織物、木の皮で編んだ通称「縄文ポシェット」や敷物なども発掘されており、生活のために高度な技術をもっていたことがわかります。

　縄文人は、木の実を中心に魚介類、肉、野菜などもバランスよく食べる生活でした。縄文人は、「生活カレンダー」にもとづき、春には貝類や木の芽・山菜の採集、夏には海辺で魚介類をとり、秋にはサケなどの捕獲や木の実・果実類の採集、冬はイヌを連れ弓矢や落とし穴などで鳥獣を狩猟という1年を送っていました。

　また、土器や木製品・編み物などに漆を塗る漆細工、そして、保存食であるクッキー作りなどの仕事がありました。

　漆器のことを英語でjapanと言います。長い間中国からの伝わったものだと言われていましたが、福井県の鳥浜貝塚で漆の木の枝が発見され、12600年前にさかのぼる世界最古の栽培された漆の木と判明しました。

　漆の木は、毎年、下草を刈って10年近くかけ樹液の採取ができるように手入れをします。貝塚から漆の木が出土したということは、12600年前に、すでに人々が定住し集落を営み、漆の木を栽培していたということになります。実際、北海道函館市の垣ノ島B遺跡で約9000年前の漆塗りの副葬品が発見されました。これは世界最古の漆の製品です。

　栫ノ原遺跡など南九州からは、丸ノミ型石斧が見つかっています。これは、世界最古の木材加工用の石製工具で、おもに丸太舟の製作に使われたようです。縄文人は丸太舟で外洋まで船出したと考えられています。丸ノミ型の磨製石斧は、約1万4000年前の縄文草創期にまで遡ることが判明しました。丸ノミ状の刃部の磨製石斧は、世界各地でも発見されていますが、年代は新しく、多くは約5000年前のものが最古のようです。

　勾玉など装飾品の素材として使われた新潟県・糸魚川産ヒスイ（世界最古のヒスイ・世界最古の硬玉ヒスイ加工）、南の海の貝で作られた腕輪、接着剤として使用した秋田県産天然アスファルト、岩手県産のコハクなど産地が限定されている資源が、三内丸山など日本各地の縄文遺跡で発見されています。さらに北海道産の黒曜石で作られた石器が本州や樺太、シベリアから九州産の黒曜石が朝鮮半島から、糸魚川産のヒスイが沖縄からそれぞれ見つか

っており、海を越えた交流・交易があったことを物語っています。

　縄文人には、物質的豊かさ以上に精神的な豊かさがありました。美しい彩色土器や「縄文琴」・石笛などは神の祭りなどに使われたと考えられます。各種のアクセサリーを身に付けたのは、石の霊力や動物の持つ強さを身に宿らせるという祈りが込められていました。

縄文文化は、新石器文化なのか

　磨製石器や土器の使用、定住や栽培の起源が世界最古級であっても、本格的農耕社会ではなく、金属器・文字のない日本の縄文時代は、新石器時代とは見なされません。こうなると、日本の縄文文化は世界の先史文明より、「遅れた」「辺境の」「貧しい」段階であると、一般には判断されがちです。

　農耕・牧畜による食糧生産の段階をもって新石器時代という時代区分ですが、日本列島でも縄文時代の早い段階から有用植物（食料・衣料・燃料材・建築材等）の選択的栽培という農耕による定住社会を実現し、犬や猪の幼獣、さらには豚の飼育も行われていたと考えられています[注7]。

　近年、縄文文化を再定義する動きがあります。縄文文化の確立を（約1万年前から現在までの時代）の温暖化に対する人間の適応の過程ととらえ、栗林の増殖や各種有用作物の栽培、後期以降の稲の栽培などの存在を考慮して「新石器時代」であるとしつつ、穀物の栽培に依拠する西アジアの「草原性新石器文化」とは異なり、森林の資源を独自の方法で増殖する「森林性新石器文化」と指摘しています（今村1999）。

　新石器時代の多様な文化の1つと位置づけ、「新石器時代東アジア型」（藤尾2002）も主張されています[注8]。

　新石器文化が日本列島を含む東アジアに展開されており、1つの文化・文明圏が形成されていたと考えられます。

　日本の縄文時代は主に食糧採集（食用植物・貝などの採取、狩猟、漁労）

の段階でありながら、世界でも希なほど極めて豊かな社会を形成していたことが明らかになってきました。

シャレド・ダイアモンドは、「狩猟採集民は愚かで原始的な生活であると考えるのが欧米では一般的。しかし農耕民族が行う集落の発展を縄文人は成し遂げた。その意味で、世界で最も豊かな狩猟採集民だといえる」、「日本の自然環境は生産性が高く、狩猟採集民として暮らすことは賢明な選択」、「農耕民族は自然の利用環境を壊すことから始まる。土地（森林）を切り開く。縄文人は自然環境全体を利用するという類まれな方法を発展させたのだ」、また、縄文時代は、同じ文化が驚異的に長く続き、世界の他の地域と異なり狩猟採集を捨て農耕に移行する事がなかったと語っています[注9]。

より正確に表現するならば、縄文文化は、**狩猟採集を残し農耕で補う生活形態を維持した**のです。狩猟採集生活と農耕生活とを融合させ、双方の利点を生かしたともいえます。

ダイアモンドは、「狩猟採集民が多くの人口を養う持続可能な社会を作り出していた事こそが、縄文の独自性」と述べています。

縄文時代、日本列島の東日本は、世界で最も人口過密地帯であったとの指摘もあります[注10]。東日本と西日本の人口差をつくりだしたものは人口許容量の差です。東日本では、堅果類の採集や狩猟など山地型の森林経済と海岸沿いの貝塚のように海産資源に依存していました。

人口許容量は、単に自然の生産性だけでなく、社会集団の技術システムにもかかわる複雑な要因をふくんでいます。縄文遺跡は、草創期から晩期に至る6期にわけられますが、「縄文時代の食糧生産技術にかかわる狩猟・漁業・採集の道具類を時代的に検討すると、そのほとんどが縄文時代のはじまりから用意されていたことがわかった。気候温暖化の時代は東日本では人口上昇がつづき、さかんな地域間交流が予想される時期である。そのような情勢のなかで知識や技術は集約され組織化され、社会の生産性があがり、その結果、人口許容量がおしひろげられた文化高揚期でもあったと考えられるのであ

る」[注11]、さらに大豆や栗の計画的な栽培技術の集積（農耕）により、自然だけの生産性に加えて、人為的な生産性（保存技術や交易等）も高め、人口許容量を増大できたと考えられます。

「縄文人は1万年以上にわたって崩壊することのない持続可能な社会を作り上げた。これは偉業だ。」と、縄文人は従来の文明論を根底から揺さぶっいることをダイヤモンドは指摘しています[注12]。

やはり、**縄文時代は「日本型新石器時代」であり、従来の「四大文明」の文明観と違う新たな文明像**を提示するといえるのではないでしょうか。

縄文人たちの生活

縄文人たちは、自然環境と調和しながら、豊かな定住生活を送っていました。もし、自然界のバランスを壊せば自然の恵みが得られなくなり、自らの生命を危うくしてしまう、縄文人たちは、そうならないための知恵を持っていたのです。1万年以上という年月の間には、温暖な時期や寒冷化した時期もありました。その時々で生活を工夫し環境の変化に順応しながら暮らしたのです。また、寒い冬の後には草花が芽吹く春がやってくる、こうした自然界のすがたから、人や動植物が死んであの世へ行き、再びこの世に還ってくるという「命の循環と再生」の原理を感じとっていました。こうして自然と共生する持続可能な生き方が、世代から世代へと引き継がれたのでした。

縄文以外、世界の文明の始まりは、本格的な農業とともにあります。水田稲作が普及した弥生時代以降の日本社会もそうです。

土地所有観念の起源は、農耕という生活様式の中から発生しました。農耕、すなわち繰り返し同じ土地を耕すことにより、土地の所有観念が生まれました。同じ土地を耕作する行為のなかで，土地と一体化した観念が発生し世代を超えて継承されていきました。

人間は、獲得した自分たちのテリトリーを守り、さらに拡大しようとしま

す。特に水利、農耕に適した土地の確保のため戦争が発生しました。実際、弥生時代になって、適地や水利をめぐる争いが多々発生しています。

　豊かな水がないと稲など作物は育たない、作物がないと生きてゆけない、人々は生きていくため、家族に食べさせるために奪い合い殺し合いが始まったのです。

　農耕・牧畜革命によって食料が増産されたのは事実ですが、富の蓄積と階級格差も生まれました。富と権力と人口が集中した都市が形成されました（都市革命）。

　古代文明が生まれ国家が誕生した今から2千数百年前、環境の変動が急激に発生し、それまでの暮らしが維持できなくなり、領地と各種資源や食糧をめぐり侵略や戦乱が頻発したのでした。単一の作物に依存ずる農耕社会・文明は、環境変動・環境悪化には極めて弱いのです。

　森・川・海の恵みに生きる縄文社会では、あえて都市や国家をつくらず、大きな紛争や戦争もありませんでした。

　その根拠の1つは、**どの遺跡からも戦争の跡が全く見当たらない**（晩期末を除く）ことです。遺物（人を殺傷する武器がない）、遺構（防御用陣地ではない）、人骨（切り傷・刺し傷等の跡がほとんどない）等、平和社会の元型であったといえるでしょう。

　また、高度福祉社会の原型でもあります。縄文早期の栃木県大谷寺洞穴遺跡（写真）から出土した約1万1000年前の成人人骨について屈葬の第1号人骨の古病理は、軽度の脳性麻痺・分娩麻痺あるいは脊髄性小児麻痺と鑑定され、第2号人骨の成人女性は、脊髄性小児麻痺の可能性を指摘されました(注13)。幼児期において、重度の障害があれば自力で食料を得ることはできず生きてゆけなかったことでしょう。成人まで生きられたのは、周囲の者の手厚い介護があったのです。集落の皆でお世話をさせていただいたとしか考えられません。同様な事例は、縄文後期の北海道入江貝塚などでも報告されています。

大谷寺洞穴遺跡外観　筆者撮影

　また、縄文社会では平均寿命が35歳の時代とされていますが、北海道北黄金貝塚では、60歳代女性と推定される人骨が発見されました。下顎は歯が全て抜け落ち、自力での食事摂取できなかったと推察されています。周囲の人々が食事等の介助をしていたと考えられます。

　歯の抜け落ちた老婆も歩けない少女や青年も生きてゆける、**皆で助け合い支えあって全ての命を大切にする、そんな共生社会**が見えてきます。

　貝塚は、縄文人が食べた貝や動物の骨などが、長い間に堆積した場所です。しかし、ただ捨てたのではなく、人や動物、そして使わせてもらった物の命をあの世へ送る「送り場」として、神聖な場所であったと考えられています。アイヌのイオマンテ（神送り・熊送り）の儀式と同様です。

　北黄金貝塚から人骨が、丁寧に埋葬された状態で出土しました。この貝塚で14体分の人骨が見つかっており、このことからも貝塚は埋葬場所であり、全ての命を葬り自然に帰す場所だと理解できます。

　屈葬は、胎児の姿を取らせて、再生を祈る埋葬法であると考えられていま

す。土器も土偶も最後には、母なる大地に帰すために壊して埋められました。

　北海道垣の島B遺跡から生身の子供の足型をつけた足形付き土版が複数出土しました。足の大きさが乳幼児から15歳くらいまでの様々でした。注目すべきは、大人の墓から出土していること、また、土版には孔が開いて吊るせるようになっている点です。これらのことから、家の柱に吊るして魂の依代とし再生を祈る、或いは親が首にかけ子供の魂とともに生きる、そして、その親が亡くなった時には、足形と共に葬られると考えられています。親子が再びに1つとなることを祈って作られているのです。

　縄文人は、全てものに命が宿ると信じました。自然が、再生と循環を繰り返すように、すべての生命も循環することを信じました。命ははかない。それゆえ命を尊ぶ。互いに助け合い、命を大切にし、豊かで平和な暮らしがいつまでも続くように願う。相互扶助・相互供養が、縄文の精神であると感じます。

　縄文人は、狩猟採集と長期かつ完全な定住生活とを実現し、独自の文化を築きあげたことで世界からも注目されています。縄文人は、人、モノ、自然、全てのものの命を大切にしました。それゆえ世界でも類を見ない文化が、類を見ない長さで継続したのです。

　縄文時代は平和で相互助け合いの「和の社会」でした。私たちの祖先である縄文人は、1万年以上も前からこのような素晴らしい社会を築いていたのです。

　文明社会とは人が大切にされ、尊厳をもって生きられる社会であると考えられます。縄文社会には、人はもちろん、生きとし生けるものへの温かいまなざし、食物や道具までも大切にする心があります。我々自身の生き方を見直す必要があるのではないでしょうか。

　縄文社会は文明社会ともいえます。であれば、縄文文化は、「和の文明」の先駆です。

縄文文化が世界最古級の文化にして、「和の文明」である日本文明の基礎

をなすこと、さらに、**世界文明に先行する独自の文化・文明であり、行き詰まりを見せる現代文明の新たなモデルとなる文明原理**を示しているといえます。

　まさに、縄文の文明原理こそが、混迷する現代社会を救う道標となるでしょう。

　歴史教科書においても、授業の初めに出会う縄文時代が、「遅れて不安定な時代」というこれまでの負のイメージを払拭し、明るく希望に満ちた歴史観を次代の子どもたちにつなげていけたら、と念じてやみません。

（注1）『歴史教育における黎明期の文化（旧石器文化等）研究の意義』大月短大論集（48）松浦明博 p.126 ～ 149　2017-03

（注2）『世界史の中の「縄文文明」』大月短大論集（49）松浦明博p.111-114　2018-03

（注3）「栫ノ原遺跡（旧石器・縄　文時代草創期）」『加世田市埋蔵文化財発掘調査報告書』15　加世田市教育委員会1998

（注4）「掃除山遺跡」『鹿児島市埋蔵文化財発掘調査報告書』12　鹿児島市教育委員会　平成4年2月

（注5）『鹿児島の縄文文化』　国分上野原シンポジウム実行委員会　p.9　平成10年8月

（注6）「鹿児島県東黒土田遺跡から出土した縄文時代最古の貯蔵穴」『植生史研究』第18巻第2号 p.1　工藤雄一郎・東和幸

（注7）「野田貝塚群B地点出土イノシシ類の年構成と性比について」『南島考古』40号　新美倫子・盛本勲

（注8）『はじめて学ぶ考古学』（有斐閣アルマ）佐々木憲一・小杉康他3名　2011/4 p.184 ～ 185

（注9）「縄文 奇跡の大集落」『NHKスペシャル』2016年4月26日放映

（注10）『人口から読む日本の歴史』鬼頭宏　講談社学術文庫 2000

（注11）『縄文人口シミュレーション』小山修三・杉藤重信　国立民族学博物館研究報告 巻9号 p.36 ～ 37 1984-03-31

（注12）「縄文 奇跡の大集落」『NHKスペシャル』

（注13）『大谷寺洞穴遺跡出土屈葬人骨の保存処理及び自然科学的調査報告』（栃木県立博物館調査研究報告）　2000/3

天皇

公教育における天皇を取り巻く
言語空間は極めて閉鎖的です
戦前の国家神道の亡霊を恐れ警戒しているかのようです

執筆：**松浦明博**

封建時代の
天皇は教科書に
載っていません
けど…

そんな時代も
時の権力者たちは
天皇の権威を
侵さなかった

権力と権威
似ているようで
違うんですね

古代の支配者
についての各社の記述

東京書籍	日本文教出版	教育出版
むらの指導者は強い力をもってむらを支配する豪族になっていきました。豪族の中には、まわりのむらを従えてくにをつくり、王とよばれる人も現れました。 大和地方で、より大きな力を持っていた勢力が、大和朝廷（大和政権）です。その中心となった人物を大王（後に天皇）といいます。	争いに勝ったむらのかしらはほかのむらを支配する豪族へと成長し、さらに、まわりの豪族を従えて、むらより大きなくにをつくる王とよばれる人もあらわれました。 大型の古墳が大和（奈良県）や河内（大阪府）を中心とする地域につくられました。この地域に強大な権力を持った人物がいいたと考えられます。 大和地方で、より大きな力を持っていた勢力が、大和朝廷（大和政権）です。その中心となった人物を大王（後に天皇）といいます。	首長の中には、他のむらを従がえるほどの力をもつ者も現れました。こうして生まれた地域の支配者（豪族）は、それぞれ小さなくにをつくり、王とよばれるようになりました。 （巨大な前方後円墳）は、この地域の豪族たちが、強い勢力をもっていたためだと考えられています。これらの豪族たちは、連合して大和朝廷（大和政権）という政府をつくり、その中心となった人物は、大王（後に天皇）とよばれました。5世紀になると、大和朝廷の支配はさらに広がり、…。

「大王」「スメラミコト」の時代

「天皇」という漢語表現の尊号は、7世紀に確立されたと考えられています。天皇号以前には、大王（オオキミ）、また、スメラミコトも至高のお立場を表現する言葉として早くから存在していました。

　大王は、「王の中の王」であり、連合国家の盟主としての権威と政治的権力を兼ね備えた表現ですが、教科書には、「支配」「支配者」「強い勢力」「権力」「従える」「争いに勝つ」、といった権力支配の上に立つ者を表現する定番の言葉が並んでいます。

　実際、「大和（奈良県）や河内（大阪府）」に「強大な権力を持った人物がいた」ということは、大王（天皇）は、「強大な権力者」ということに誰が読んでもなります。確かに、国土統一過程においては、「強い勢力」をもって、「争いに勝ち」、「周囲を従える」、という側面は否めないことです。

　しかしそれは、天皇の本当の姿でしょうか？　天皇という存在を「強大な権力者」としてのみ語ることが正しいことなのでしょうか。これで、「日本民族統合の象徴」ということを正しく伝えられるのでしょうか？

　小中高のすべての社会科教科書にいえることですが、**「権力による支配」は何度も教えさせられますが、「権威による統治」は、なぜかいっさい載せない方針になっている**かのようです。

　古来、日本人は、漢語的な意味合いをできるだけ避けたいため、ダイオウでなくオオキミという日本的な柔らかな言葉を使っています。

　君（キミ）の中の君（キミ）、大切の人の中でも最も高貴で大切な方、それがオオキミです。

　スメラミコトとは何か。

「皇」をスメロギと読みます。「ロ」は「ラ」の語形変化、「ギ」はイザナギと同様に男性を指します。

　また、スメラとは、「最高の主権者。梵語（サンスクリット語）で、至高・妙高の意のsumeruと音韻・意味が一致する。また、最高の山を意味する蒙古語sumelと同源であろう」とあります。

　ミコトは、「最高に尊敬されるべき行為者」、あるいは、「神」とされます。

　スメラミコトの由来にまつわる説としては、「統べる神」があります。「スメラミコト」＝「統べる尊い方」[注1]というものです（「スメ」と「スベ」

は母音が相違するので否定的意見もあり）。

スメラミコトは大和言葉で、天皇の諡号（貴人に生前の行いを尊んで贈る名）として、使われることが多く、日本的・宗教的（霊的）表現といえます。

大王の正式名称は、「治天下大王」であるのに対して、天皇の正式名称とは、「現神御宇天皇」であり、その読みは、「あまつかみとあめのしたしらしめす　すめらみこと」で、天皇が天下をあまねく統治する神であり、他の王たちを超越した唯一の存在であることを示しています[注2]。日本書紀はその根拠を与えています。

天皇に関する多様な見方・考え方、これを伝えられる機会を教育現場に許してほしいと切に願っています。

公教育における「天皇」を取り巻く言語空間は極めて閉鎖的です。戦前の国家神道の亡霊を今も恐れ警戒しているかのようです。

例えば、スメラミコトという言葉は、与謝野晶子の反戦詩「**君死に給うことなかれ**」に出てきます（中学教科書 ・資料集）。この歌は、文学的に高い価値はあると思います。日露戦争は大きな犠牲を伴い、家族を失う苦しみ悲しみを訴える作品として、多くの人の胸をうつものです。

ただ、スメラミコトが、**自らは戦争に行かずに国民を死地にかりたてる存在（特権階級）としてのみ描かれることは、余りにも教育的に貧弱であり偏っている**と言わざるを得ません。

スメラミコトという言葉は、「国民統合」の象徴という天皇のお立場を説明する言葉として最適であり、これこそ極めて教育的かつ平和的であると思われます。

世界最古の王朝

日本の皇室は、いったいいつ頃から始まるのでしょうか？

神代から現代まで連綿と受け継がれてきた126代の血脈、その初代に当

たるとされるのが**神武天皇**です。その血脈は、先代の**鸕鶿草葺不合尊**、さらには、太陽神**天照大御神**につながります。

しかし、紀元前660年前の即位であれば、弥生時代初め（あるいは縄文時代晩期）であり、そのころ国の中心がヤマトに存在した証拠がないと考えられています。そのため、『日本書紀』の記述は創作であり、神武天皇を「神話的存在」として、その実在を認めない研究者が多いのが現実です。

文献史学では、少なくとも、507年に即位した第26代の**継体天皇**までは確実に血統を確認できます。さらに、血統的に5世遡った第15代**応神天皇**も明らかです。第10代**崇神天皇**は、多くの研究者が実在の可能性を認めています。

また、崇神天皇と神武天皇の諡号が、「始馭天下之天皇」と「御肇國天皇」で、どちらも「**ハツクニシラススメラミコト**」となっています。「初めて国を統治した天皇」という意味からして、初代天皇が2人存在するのは不自然であり、神武天皇には即位後の記録が少なく、崇神天皇には即位前の記録がほぼ存在しないことから両天皇は同一人物という考えが通説になっています。神武天皇を神話上の初代天皇、崇神天皇を実在する初代天皇、という考え方もあります。

近年の考古学調査によって、三輪山（奈良県桜井市）山麓に、3世紀初頭から4世紀にかけて、大型建物など宮都的要素のある纒向遺跡が発掘され、ここにヤマト政権が建国されていた可能性が指摘されてきました。そうなると四道将軍を派遣し全国を平定したとされる崇神天皇が初代の大王でないかと考えられています。

また、神武から崇神に至る間の天皇は、系譜や宮陵のみ記され事績は残されておらず、かつ単純な直系相続なので、この第2代**綏靖天皇**～第9代**開化天皇**までの天皇は、いわゆる「**欠史八代**」と呼ばれています。

私としては、神武天皇は実在し、九州の日向から東征して大和に入り、皇統は続いていったと考えています。8代の天皇についても、天皇の系譜から

派生した各氏族（吉備・阿部・膳・筑紫・越・伊賀・蘇我・巨勢など）の祖について言及されており、単なる創作とは思えません。神武天皇が大和地方を平定しましたが、崩御されると、再び大小の「倭国大乱」などもあり、このころ８代の天皇の皇威や武威も小さく、大きな事業の記録も残ってないため史書の記載が少なかったと考えています。８代の宮や御陵が葛城地方に集中していることから統治領域も狭く、いわゆる「葛城王朝」は小さな政権であり、やがて纏向に台頭した崇神天皇のヤマト政権に取り込まれていったものと推察されます。

いずれにせよ、どの説をとっても、日本の天皇が、現存する世界最古の王朝であることは変わりありません。このことは世界的にも著明であり、アメリカの教科書にも記載されていました。

ところが、**日本の児童・生徒は、天皇家が世界最古の王朝であることは、まったくと言ってよいほど教えられておりません**。初代天皇は神武天皇との記紀の内容もほとんど教えられておりません。試験にも出ないためか、教師も保護者も子供もほとんど関心もないのが実情です。

▍天皇についての理解と敬愛の念を深める

ここで、小学校『学習指導要領社会第６学年』を示します。
「天皇の国事行為などの理解」は、学校でも教えられており、テストにも出題されています。肝心の「歴史に関する学習との関連も図りながら、天皇についての理解と敬愛の念を深める」、これについてはどうでしょうか。

国民の祝日は、皇室の行事や歴史と深く関わっています。元旦は四方節・歳旦祭、建国記念日は紀元節、春分の日は春季皇霊祭、秋分の日は秋季皇霊祭、文化の日は明治節、勤労感謝の日は新嘗祭などです。

国民の祝日の「歴史的な由来などを取り上げながら、各々の祝日がよりよき社会、より豊かな生活を築きあげるために、全ての国民が祝い、感謝し、

🏫 小学校『学習指導要領社会第6学年』

> イ （略）「天皇の地位」については、日本国憲法に定める天皇の国事に関する行為など児童に理解しやすい事項を取り上げ、歴史に関する学習との関連も図りながら、天皇についての理解と敬愛の念を深めるようにすること（下線は筆者、以下同じ）。（中略）
>
> 「天皇の地位」については、例えば、国会の召集、栄典の授与、外国の大使等の接受などの国事行為や、国会開会式への出席、全国植樹祭・国民体育大会への出席や被災地への訪問・励ましといった各地への訪問などを通して、象徴としての天皇と国民との関係を取り上げ、天皇が日本国の象徴であり日本国民統合の象徴であることを理解できるようにする。また、内容の（2）の歴史学習との関連に配慮し、天皇が国民に敬愛されてきたことを理解できるようにすることも大切である。
>
> これらの指導を通して、天皇についての理解と敬愛の念を深めるようにする必要がある。
>
> 内容の取扱いの（1）のエは、（中略）指導する際の配慮事項を示したものである。
>
> （略）国民生活と関わりが深い具体的な事例として各々の国民の祝日を扱い、それらに関心をもつようにする。その際、国民の祝日に関する法律に定められている内容や歴史的な由来由来などを取り上げながら、各々の祝日がよりよき社会、より豊かな生活を築きあげるために、全ての国民が祝い、感謝し、または記念する日として定められていることなど、我が国の社会や文化における意義を考えることができるよう配慮して指導することが大切である。

または記念する日として定められていることなど、我が国の社会や文化における意義を考えることができるよう配慮して指導」が、授業でも行事でも、学校の教育活動において、本当に実践されているのでしょうか（ごく一部の個人は別として）。

「歴史的な由来」を取り上げるならば、由来として皇室の事績にふれざるを得ないでしょう。私は、長年にわたり専任の教員として、ときには管理職として教育現場にいましたし、教員養成や教員採用にも関わってまいりましたのでよく分かります。残念ながら、国民の祝日は、教師も子供たちにとって

も単なる休み、息抜き、気分転換の日であり、「歴史的な由来」の学習はもちろん「よりよき社会、より豊かな生活を築きあげるために、全ての国民が祝い、感謝し、または記念する日」とは、ほとんどなっておりません。それどころか、各県の日教組教育・教研大会等では、反日・反天皇教育の機会となっているようです。　例えば、「建国記念日は、国民を戦争に駆り立てた記念日で、戦前は紀元節と呼ばれ、作り話である神武天皇が国を建てた日とされる。大日本帝国憲法もこの日に合わせて作られており、戦争に繋がるもので、戦争を賛美する日」だと、現役の学校教師が教えていました。まったく学習指導要領に背いており、法令違反といえましょう。

　神武天皇は、アメリカの社会科教科書にも詳しく取り上げられたこともあり、日本の教科書ならばなおさらでありましょう。教科書では、神話・伝承と言うと、ヤマトタケルを詳しく取り上げますが、初代とされる神武天皇こそぜひ挙げてほしいと言わざるを得ません。

　やはり、神話・伝承を含め歴史学習との関連に配慮し、天皇が「万世一系」とも評せられるほど長く続いたこと、その歴史と伝統、皇室の存在意義をきちんと伝えてほしいものです。

「天皇についての理解と敬愛の念を深めるようにすること」を、真に実現できるよう文部科学省、教育委員会、現場教師も研鑽を重ねることが極めて大切となってきます。

日本の最初の王とは?

「学習指導要領社会」の要点を引き続きみていきましょう。

「世の中の様子がむらからくにへと変化したことを理解できるようにする」とあります。教科書（東書）では、米作りによる変化とともに「むら」ができ、その例として、佐賀県吉野ケ里遺跡を説明します。そして「むらの指導者は、強い力をもってむらを支配する豪族になっていきました。豪族の中に

「学習指導要領社会」の要点

（略）古墳については、古墳の規模やその出土品、古墳の広がりなどが分かることである。大和朝廷（大和政権）による統一の様子については、各地に支配者が現れ、有力豪族を中心とした大和朝廷によって大和地方を中心とした地域の統一が進められたことなどが分かることである。なお、大和朝廷については、その成立や展開の時期を広く捉える観点から大和政権とも呼ばれていることに触れるようにする。

これらのことを手掛かりに、世の中の様子がむらからくにへと変化したことを理解できるようにする。その際、神話・伝承を手掛かりに、国の形成に関する考え方などに関心をもつこととは、国の形成や地域の統一の様子を物語る神話・伝承を取り上げ、当時の人々のものの見方や考え方に関心をもつようにすることを意味している。神話・伝承には、児童が興味をもちやすい物語が多く見られ、それらを活用し、我が国の歴史に対し一層親しみをもてるようにすることが大切である。

（略）大和朝廷（大和政権）の支配の広がりについて調べ、これら大陸文化の摂取については、聖徳太子が法隆寺を建立し、小野妹子らを遣隋使として隋（中国）に派遣することにより、政治の仕組みなど大陸文化を積極的に摂取しようとしたことなどが分かることである。

大化の改新については、中大兄皇子や中臣鎌足によって政治の改革が行われたことや、天皇中心の新しい国づくりを目指したことなどが分かることである。大仏造営については、聖武天皇の発案の下、行基らの協力により国家的な大事業として東大寺の大仏が造られ、天皇を中心とする政治が都だけでなく広く全国に及んだことや、聖武天皇の願いにより鑑真が来日し、仏教の発展に大きな働きをしたことなどが分かることである。

これらのことを手掛かりに、天皇を中心とした政治が確立されたことを理解できるようにする。

は、まわりのむらを従えてくにをつくり、王とよばれる人も現れました」とし、交易の話にふれて、さらに「各地の王や豪族たちは、大陸の文化を積極的に取り入れ、くにづくりに役立て」たとあり、ミニコラムでは、「王の中には、大陸と交流して、中国の歴史書に登場するものもいました」と説明があります。そして、「日本（倭）の国と女王卑弥呼」がコラムで登場します。

　教科書から子どもたちは何を学ぶかというと、弥生時代から「大陸の文化を取り入れ」て、「くに」ができ発展し、「王」が出てきたこと、そして、日本（倭）の最初の王が、女王「卑弥呼」ということです。

卑弥呼（ヒミコ）とは?

　卑弥呼については、記紀など日本の歴史書に記載がなく、中国の歴史書『魏志倭人伝』からの引用です。日本の史書には卑弥呼の記載がないことから、卑弥呼が存在しないと説く研究者もいます。

　また、争乱を鎮め諸国をまとめ（連合政権の統一者）、民を良くおさめた女王が本当に存在したならば、その王の霊を神として祭る神社が必ず存在するはずだが、日本のどこにもない、それは卑弥呼自体がいなかったためだとも主張しています。私は、ヒミコが存在したと考えます（写真）。

　日本の史書に記載がないのは、大王、つまり天皇ではなかったからです。おそらくは天皇を補佐し、神意を告げることによって、その統一事業を助けた巫女のような存在ではなかったかと考えています。

神意を占う女王（ヒミコ）　吉野ケ里遺跡　筆者撮影

例えば、古代から中世半ばまで、天皇に代わりに内親王など女性皇族が伊勢神宮に仕えましたが、その女性を斎王（斎宮）といいます。しかし、斎王は、「王」と尊称されていても大勢の前に出たり、歴史の表に出てくることはほとんどありませ

大分県の宇佐八幡宮　筆者撮影

んでした。魏志倭人伝でも、ヒミコは民衆の前には滅多に現れなかった、と記されています。

大分県宇佐神宮（写真）の祭神は、女神で「比売大神（ヒメオオカミ）」です。斎王ヒミコの霊を神として祭る神社が、この宇佐神宮ではないかとも考えられます。また、宇佐神宮の奥宮として、元伊勢薦神社がありますが、その系譜にも、「日女命（ヒメミコト）」が記されています。

ヒミコは、日本における太陽信仰の伝統から、日の神（天照大御神）に仕え神意を受け取る巫女・日女（ヒメ）であり、本来、「日巫女（ヒミコ）」「日御子（ヒミコ）」「姫子（ヒメコ）（日女子）」であろうと考えられます。

和辻哲郎は、その名著『日本倫理思想史』の中で、そのようにも説いています。私も執筆に参加した日本史Bの高校歴史教科書（明成社）の中にある「魏志倭人伝」注釈には、それがしっかりと記載され何度も文部科学省の検定に合格しました。

しかし残念ながら、**我が国では「日御子」を「卑弥呼」、敷島の大和の国を「邪馬台国」、と狡知に長けた中華思想の受け売り教科書が全盛**です。

古代から現代まで、日本人の意識の中に続く「中韓従属史観」からの脱却を目指して、あらたに検定に合格する教科書が、小学校教科書からも出てほ

しいと願う次第です（自由社・育鵬社・令和書籍とすでに中学歴史教科書にはある）。

　いずれにせよ、政治の「政」を「まつりごと」＝祭事（祭祀）と読むのも、古代の政治が神意を占う一種の神聖政治であったためであり、巫女や預言者（神の言葉を預かる人）の存在が重要だったからです（写真）。

　ここで一番の問題は、ヒミコの名前の当て字です。漢字は表意文字でそれぞれに意味があります。「卑弥呼」は、「いよいよ卑しい」と呼ばれる女、ま

コラム column

実践授業シミュレーション

　私の授業実践では、発問とその反応を中心に組み立てます。
「さあ、ここで、初めて歴史上の人物が登場しました。女王卑弥呼です（拍手！）。ところで、皆さんは、卑弥呼にどんなイメージを持ちましたか？」
「卑弥呼の卑は、音読みではヒですが、訓読みでは何と読みますか？」
「そうですね。いやしい、です。この卑を使った熟語を挙げてみてください。」
「卑怯、卑劣……、そうですね。ろくな熟語がありませんね。卑弥呼の「弥呼」は「卑」を強調する言葉です。すごく卑しい、ますます卑しい、という意味になります。」
「邪馬台国は、どうでしょうか。邪の馬の国、日本は邪悪で馬並みで、人間以下の獣人がいる国、という感じですね。これだけではありません。」
「奴国（漢代に朝貢）も奴隷の「奴」の字が当てられ、奴隷のように隷属している国、狗奴国（邪馬台国に服さず）は犬並みの奴隷の国…、なぜ悪い字ばかりが付けられているのでしょうか。」
　児童生徒の中には、それこそ「素直」に、「昔の日本は悪い国だった」、「中国は進んだ国、それに比べて日本は遅れて野蛮な国」と答える生徒もいます。中学生・高校生・大学生の中には、本当に、戦前の日本は、すべて悪い国で、自由も民主主義もなかった、太平洋戦争に負けて、やっとまともな国になった、と信じている生徒・学生・教師もいます。小学校のときに、しっかり「教育」

た、「邪馬台国」は邪の馬の国、「倭」は、ちっぽけなとか、小さいという意味、これだと、古代日本に暗くきたなくみじめなイメージができてしまいます。まさに洗脳教育です。史料に忠実な原典至上主義と主張するならば、そ

されたのでしょう。戦前・戦中の日本史学習であれば、東京裁判史観、コミンテルン史観の影響といえますが、古代からの日本史では、未開の日本が、すべて進んだ中国や朝鮮半島の国から学んだという中韓従属史観に色濃く洗脳教育されているといえるでしょう。

そこで、さらに問いかけます。

「ヒミコは、鬼道（神のお告げをきく儀式）を行ない日本の民衆がよく従った、と魏志倭人伝でも記されてあります。」

「まさにヒミコ様は尊重されていたわけです。はたして、その尊敬しているヒミコ様にこんな汚い名前を付けるでしょうか？ そこまで、私たち日本のご先祖様は歪んでいた（バカだった）のでしょうか？」

私の生徒は、この弥生時代の前の旧石器文化や縄文文化の授業において、その精神性、独自性、先進性、創造性、芸術性をしっかり伝えてあるので、日本は他国に比べ、決して未開でも野蛮でもないという知識を持っています。それゆえ、多くの生徒が「中国（魏）は、自分たちは偉いという大国意識をもっていたので、日本を馬鹿にしてつけた」、「日本を見下そうとした」と答えます。

そこで私は、「その通り！ そういう考え方を中華思想と言います。真ん中の「華」である「中華」を中心にして、東西南北、周辺の民族を、すべて未開の野蛮人としたのでした。歴史資料を読み解く場合は、こういう点にもよく注意して読む必要があります」と伝え、かつ中華が中心の簡単な地図を描いて説明しています。

の際、必ず注釈をつけるべきであり、教師もそれを児童・生徒に気付けるように教えるべきです。

つまり、中華思想に基づく記載をそのまま引用して、それだけを伝えるのでなく、「卑弥呼」は日本の歴史書からの引用ではないこと、魏志倭人伝からの引用であること、さらに、これら中国の文献にある中華思想とは何かということ、を分かりやすく伝えておくことが肝要です。

誇りある日本人として他国のことは悪く言いたくないというスタンスや、それが日本人の美徳であるのは分かりますが、他国からの「いわれない誹謗中傷」に対しては、大人は、日本の子どもたちの自尊感情を守れるようにすべきです。これでは、日本の子どもたちが、日本のことを見下し悪く言うように育つでしょう。日本史学習の初めからこれだと、近現代史はさらに日本を貶める内容なので、自己肯定感など育つわけがありません。仮に環境に恵まれ、成功体験も多く、自尊感情が高い人がいたとしても、日本人全般、日本（大和）民族、日本国家、日本の歴史や伝統については低く見る、蔑む大人に育つでしょう。指導的立場にある政治家や大学教授、教師の中にもそういう人は多く存在します。

邪馬台国がどこにあったかは、考古学的には大事です。しかし、それ以上に、歴史教育では、日本人としてアイデンティティを育成することが大切です。在日外国人の子弟もいるかもしれませんが、それ相応の配慮はしつつ、日本の学校で日本の教育を受ける以上、「郷に入っては郷に従え」です。**何人も自国の歴史や名誉を不当に貶めることは許されません。**

（注1）『日本語源大辞典』前田富祺
（注2）『日本書紀と古代天皇』瀧音能文

渡来人
についての各社の記述

東京書籍（他社も同様）

　大和朝廷は、5〜6世紀ごろには、九州地方から東北地方南部までの豪族や王たちを従えるようになりました。またこのころ、中国や朝鮮半島から日本列島にわたってきて住みつく渡来人が大勢いました。渡来人のなかには、建築や土木工事、焼き物などの技術を身につけた人々がおり、進んだ技術を日本にもたらしました。大和朝廷は、こうした大陸からもたらされる技術や文化を積極的に取り入れました。

渡来人に関する記述も中華思想の洗脳

　なぜ、「中国や朝鮮半島から日本列島にわたってきて住みつく渡来人が大勢」いたのでしょうか？

　進んだ文化（中国や朝鮮）が、劣った文化（日本）を駆逐した？　征服した・教えてあげた？

　弥生時代・古墳時代に、日本は戦争して負けて支配されたわけではありません。むしろ、朝鮮半島にまで、統治領域を広げていました。『宋書倭国伝』の記述や「好太王碑文」、日本独自の前方後円墳が朝鮮半島から出土すること、などからも明らかとなっています。

　「文化的に進んだところに人は集まる」、これは世界の文明化の法則です。**経済的に豊かで、文化的に発展し、政治的にも安定した土地（国）、に人は集まる、移住してくる**のです。交易等のための一時的な渡来だけでなく、終の棲家として帰化する国、それが日本だったのです。実際、古墳時代の全盛期である応神天皇の時代などには、多くの渡来人がやってきて日本に帰化しています。

　「大王を中心にまとまってつくった政権」は、政治的にも安定していました。

生命も財産も守られ、安心して暮らせたのです。養蚕・機織・土木工事などの知識は、秦氏などの渡来人（帰化人）から取り入れましたが、日本が朝鮮や中国から学び受け入れたのは、おもに仏教・儒教などの経典、律令国家体制などの政治制度でした。

　外来文化に席巻され支配されたのではなく、もともとあった縄文以来の日本文化が外来文化を包摂したにすぎません。これが、「日本文明」の起源と本質です。

▎神功皇后の伝承

　教科書にも登場する日本武尊の第2皇子が、第14代の仲哀天皇となりますが、后の神功皇后が神がかりとなり、熊襲征討ではなく新羅遠征という「神意」を伝えます。しかし、天皇は神意を疑い、従わなかったので、突然、崩御してしまいます。その後、国をまとめたのが、神功皇后です。

　この神功皇后は、よくヒミコと比定されます。神功皇后は、しばしば神がかりとなり神意を伝えます。新羅遠征の際も、その「武威」はまさに神がかっており、畏れおののいた新羅王は戦わずして平伏します。ヒミコが、景初2（238）年、魏に使いを送り、「親魏倭王」の金印を賜ったと魏志倭人伝に記されていますが、日本書紀に記される神功皇后の在位期間も201〜269年で、時代的には相応します。

　諸国の王や豪族たちは、「一女子」、すなわち、日の神に仕える巫女である「ヒミコ」を立て、その「お告げ」に従ったとあります。武威・武力ではなく、「神意」に従って統治が行われ、しばしの平和が訪れたのです。このあたりもヒミコと神功皇后は似ていますね。

　おそらく実際には、国々の統治をおこなったのは大王（天皇）であり、「神意」を占って、大王の治世を助けたのがヒミコであったと推察します。

仁徳天皇陵（大仙古墳）
についての各社の記述

東京書籍	日本文教出版	教育出版
大阪府堺市にある仁徳天皇陵古墳（大仙古墳）は、5世紀中につくられた日本最大の前方後円墳です。	大阪府堺市にある大仙古墳（仁徳陵）は、5世紀中ごろにつくられた、日本で最も大きな前方後円墳です。	大阪府堺市にある大仙古墳は、日本で最大の前方後円墳です。当時は、大阪湾を行き来する船の上からも、その姿が見えたことでしょう。人々は、この古墳を見てどのように思ったでしょうか。 　大仙古墳のような巨大な前方後円墳は、大和（奈良県）や河内（大阪府）に数多くみられます。

> 大切な説明を欠いているために誤解を与えやすくしてしまっています

教科書に登場する天皇①　仁徳天皇

　東京書籍（以下、東書）の歴史教科書に登場する天皇は、仁徳天皇、聖武天皇、天智天皇、明治天皇、昭和天皇（欄外）くらいです。事績の説明は聖武天皇が詳しく、明治天皇は「五箇条の御誓文」のところで少しあり、ほかの天皇は名前だけで説明はほとんどありません。

　小学校教科書といえども、こんな軽い扱いで良いのだろうか、と考えてしまいます。他社も大体同じですが、仁徳天皇は名すらありません。

　さて、東書のみですが、天皇自体が最初に登場するのは、「巨大古墳と豪族」の項目です。ここでは、「くに」をつくりあげた王や豪族の墓として古墳が紹介され、その最大のものとして仁徳天皇陵古墳が登場します。

　仁徳天皇陵古墳（大仙古墳）という表記ですが、東書以外の他社は、大仙

古墳（仁徳陵）だけの表記であり、どこにも「仁徳天皇」・「天皇陵」の言葉すら登場しません。仁徳陵と「陵」と書き入れるならば、少なくとも大王の墓（御陵・陵墓）としての説明が必要だと思いますが、教師が説明してくれるのでしょうか？

　古代史部分に関していえば、東書の内容は、他社と比較すれば、かなり良い方であるといえます。言い換えれば、小学校歴史教科書の内容は全体的に良くないということです。

　健全な児童の育成のために、より良い歴史教科書を作るか（中学校歴史教科書はある）、それが不可能ならば、小学校歴史教科書の副読本等を早急に作成し、学校現場に普及せしむる他にありません。

　ここで、東書を中心に気になる点を列挙したいと思います。

1）「仁徳天皇陵古墳」とあっても天皇の説明、および仁徳天皇の説明が全くない。

　次単元の「大和朝廷（大和政権）と国土の統一」で、大和地方に大きな力をもつ国が現れ、その「中心となった王を大王（後の天皇）」と表記している。例として、ワカタケル大王と、その名が刻まれた刀剣の写真と説明がある。しかし、前単元で、最初に天皇号が登場する以上、一言説明があっても良いし、せめて、参照記号でも付して欲しいものである。

2）「日本最大」としか書かれてない。

　墳墓の大きさでいうと、高さではピラミッドであり、墳丘墓（後円部）だけの面積は始皇帝陵も大きいが、仁徳天皇陵古墳は、言うまでもなく「前方後円墳」で、当然ながら前方部も含めて王の墳墓であって、ここは**「世界最大級」**と表記するのが至当である。

3）「何のためにこんなにも大きなお墓（古墳）が造られたか？」との問いがすべての教科書にあるが、どう説明するのか。

　かりに伝承（神話ではない）であったとしても、仁徳天皇の事蹟の説明は

ないと、大きなお墓（古墳）が造られた理由を説明しにくいし、誤解を招きやすい。東書の教科書には、仁徳天皇陵の大きさや構造の説明の後、「（これだけの）古墳を築くには、すぐれた技術者を支持し、多くの人を働かせることのできる大きな力が必要であった」と教科書に記されている。大きな権力がなければ造営できないことは明らかである。他社の教科書には、はっきりと畿内に「強大な権力を持った人物がいた」と記されている。当然の帰結として、「強大な権力者」＝大王（天皇）とつながっていくわけである。

　また、「問い」では、「何でこんなにも大きなお墓（古墳）が造られたのだろう？」とあるが、「天皇の権威」の意味や説明がないままだと、単に「権力による支配」を児童に刷り込むこととなるであろうことは容易に想像できる。

　特に３）が大事です。つまり、小学校教師や児童に「何でこんなにも大きなお墓（古墳）が造られたか」と問えば、「天皇が自らの力（権力）を誇示する（見せつける）ため」、という答えが返ってきます。当然、児童には、そのために労働に駆り出されたり、高い税金を取られたりするイメージが湧き、「いい迷惑」、「たまったものではない」との感情を惹起されます。その結果、民衆史観→階級闘争史観（革命）に行きつきやすいのです。

　実際に、王墓の造営に、恐ろしい形相の兵士が民衆を強制的に従わせている挿絵が書いてある子供向け読み物があったり、かつての教科書の挿絵もそうでした。漫画日本史という子供向けの教材（アニメなど）も同様で、親・兄弟が王墓づくりに無理やり駆り立てられ、残った少年が「こんな物つくって、いったい何の意味があるんだー」と最後に、怒りに震えて叫ぶ場面が印象に残っています（まさに恐るべき刷り込みです）。

　小学校教科書のように、強大な権力者の存在のみの説明だけであれば、特定の史観に誘導されます。はたして、強制的に民衆を狩り立て強制労働させることで、このような後世に残る大事業が成し遂げられると本気で思ってい

大阪府の仁徳天皇陵

るのでしょうか？

　有能な指導者と民の献身的な協力なしでは成し遂げられるはずはありません。仁徳天皇陵の造営の物語は、王の権力による支配ではなく、**「君臣一体」**の理想の姿を今に伝えてくれます。

　『日本書紀』仁徳天皇11年に「この國を眺めると、土地は広いが、田圃は少ない。河水は氾濫し、長雨にあうと潮流は陸に上がり、村人は船に頼り、道は泥に埋まる。…（これを防ぐため）溢れた水は海に通じさせ、逆流を防いで田や家を浸さないようにせよ」と言われたことが記されています。ここに天皇の「民の暮らしが安らかであれ」との**祈り**の発露が感じられます。

　和珥池など奈良盆地だけでなく、新たに、茨田の堤など大阪平野の治水、灌漑用水路の土木工事等の公共投資を行ったことが、文献資料や発掘調査により明らかになってきました。

　日本歴史では、応神・仁徳王朝（3〜4世紀）は、「神話から歴史」へ移行期、つまり古代国家としての組織や体制が整った時期です。経済的には、対外交易（南朝鮮からの鉄など）により鉄器が国内で作られ、農工具が普及し、農業・土木が飛躍的に発展するとともに、本格的な農業（水田稲作）が

さらに普及しました。この結果、**国が発展して民も豊かとなり、公共事業としての巨大墳墓の造営が可能になった**と考えられます。

貧しい農民を大和朝廷の兵士が無理やり酷使して造営に駆りたてたのだという、見当外れも甚だしい偏向した歴史観から、いい加減に脱却すべきです。

日本の伝統である「権威による統治」から、その後、「権威と権力の二重構造」へのプロセス、これらの説明が、簡単でも良いので、小学校からも必要ではないでしょうか。

天皇は、「祈り」＝祭事を優先して行います。天皇は、祭祀的統一者であり、そこには、精神的・宗教的なリーダーとしての**聖なる権威**が存します。

大王（天皇）は、王や豪族同士の争いごとを避けるために、共通の祭祀（祖先崇拝等）を行い、その統合のシンボルの1つが、日本全国や朝鮮半島に約4700基以上あるという前方後円墳であったと考えられます（古墳全体の数は全国に約16万基）。

大王（天皇）を中心に、大勢の人々が参加して造営され、祭儀が行なわれた証、それが、今では世界遺産登録された巨大古墳の仁徳天皇陵なのです。

教科書に登場する天皇② 推古天皇

皇族で天皇の摂政である聖徳太子は登場しますが、推古天皇は登場しません。ただ、教師用指導資料には出てきますので、授業に出てくる可能性は高いでしょう。となると、授業で一番最初に習う天皇は推古天皇となります。その前までは、王や大王ですから、いきなり推古天皇という女帝の名前が出てくることになります。最初の天皇を聞かれたら、先生の授業をよく聞いていた子供たちは、推古天皇と答えるでしょう。なぜなら最初に教わる天皇だからです。

日本列島における人の起こりを語るのが、主に考古学や人類学の分野であり、多くの歴史教科書もそのようになっています。しかし、日本の歴史教育

は考古学で始まり、いきなり文献史学になるので、教える側も教えられる側もわかりにくいと指摘されることがあります。

　飛鳥時代くらいから、文献史学に基づき聖徳太子が登場するわけですが、その時はすでに第33代推古天皇です。第何代という表記もなければ天皇がどのような存在なのかが教科書には書かれていません。そういうところから日本の歴史がわからなくなるし、そもそも、日本がどのような国なのかもわからずに進んでいく感じになり、**結果的に、事項や人名を年代順にひたすら憶える暗記科目に堕してしまいます。**

　歴史教育は、神話・伝承も含む文献史学と14C年代測定法など科学的分析法を用いた考古学や文化人類学とのバランスが大切であると考えています。日本列島における人の起こり（先史時代）を語るのは、やはり考古学や人類学の分野であり、教科書もそのようになります。

　教科書では、日本の国の始まりは、卑弥呼と邪馬台国ですが、「国の成り立ち」も小さなコラムのみですし、卑弥呼は文中に出てこなくて年表やコラムに出てくるだけです。天皇という漢語表現の尊号がいつから始まったのかも教えるか、調べさせてみれば学習が深まります。

　また、教科書に、歴代天皇の系図か天皇の年表

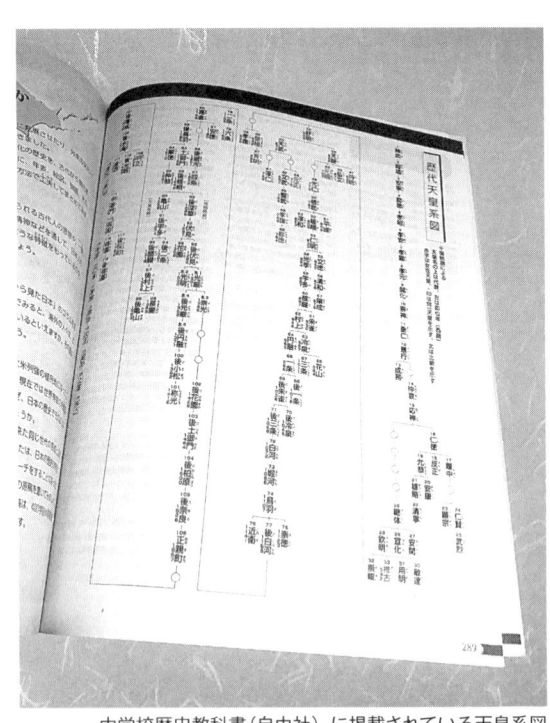

中学校歴史教科書（自由社）に掲載されている天皇系図

も載せると、教師も子どもたちも「万世一系」の天皇を理解しやすいのではないかと思います。推古天皇が第33代目であることも分かります。ちなみに、現時点で、天皇の年表があるのは、小学校教科書ではゼロ、中学校歴史では、自由社と令和書籍のみです。

教科書に登場する天皇③ 聖武天皇

　教科書では、それぞれの天皇の事績説明はほとんどありませんが、聖武天皇の事蹟だけは詳しく説明されており、鎮護国家の思想や仏教の重視はよく描かれています。

　有名な「大仏造立の詔」の内容にもコラム（東京書籍他）で触れています。

> たとえ一本の草、ひとにぎりの土をもって大仏づくりに協力したいと願う者がいれば、そのまま認めよう。役人は、このことのために人々のくらしを乱したり、ものなど無理に取り立てたりしてはならない。

　と、「詔」には、国家的大事業の大仏造立が、国民の願いによってなされるべきであると示されており、天皇が、西欧や大陸国家の専制君主とは違うことが、うかがい知ることができます。

　できたら、次ページ別掲のように「国分寺建立の詔」にも触れるならば、天皇の姿がさらに明らかになると考えられ、教育効果は上がります。

　天皇は諸国の神社の修造を命じ、さらに各国の僧寺（国分寺）の整備を命じ、民の幸せをともに祈ろうとされたのです。

　聖武天皇は、鑑真のところでも登場します。聖徳太子の節での取り上げ方と同様に、社会科教科書における仏教重視が如実に見て取れます。

　しかし、天皇は、時代の要請に合わせて、仏教重視の姿勢を示されたのであって、本来は、神道祭祀の頂点に立つ祭司的統一者としての御存在、すなわち、「神主の中の神主」であるのですが、児童生徒には、その重要な点が

📎 国分寺建立の詔

> 朕薄徳を以て忝く重任を承け、未だ政化弘まらず。寤寐に多く慚づ。（中略）頃者、年穀豊かならず、疫癘頻りに至る。慙懼交々集りて、唯り労して己を罪す。是を以て広く蒼生の為に遍く景福を求む。」（『続日本紀』）
>
> ………
>
> 「私は徳が薄い身でありながら、申し訳なくも、天皇という重い任についたが、いまだに民を教え導くことができず、日夜（神仏に対し）恥じている。（中略）近年、穀物の実りが豊かでなく、疫病の流行もはなはだしい。これも私の不徳の致すところと恥じ、自分を責めさいなむばかりであった。そこで、広く人々のために幸福を求めた。（『続日本紀』現代語訳：筆者）

武蔵国分寺跡　奈良の東大寺に次ぐ大伽藍を誇ったが今は礎石のみが残っている。筆者撮影

見事に隠されているといえましょう。

天皇の最も大切な役割は、前述したように、**「祈る」**ということです。

では、何をお祈りされるのでしょう？

その答えを**「令和５年天皇陛下のご感想（新年に当たり）」**にみてみましょう。

まず自然災害、感染症、物価の高騰などにふれ国民を慰労され、沖縄の本土復帰50年と沖縄戦にふれつつ、現在の世界各地での戦争や紛争に深い悲しみを述べられ、国際社会での対話と協力の大切さを静かに訴えられて、**「人々が、思いやりながら支え合い、困難な状況を乗り越えていくことができるよう」**願われておられます。最後に、**「我が国と世界の人々にとって、希望を持って歩むことのできる年となることを祈ります」**と締めくくっておられます。

陛下の祈りとは、「国民の安寧・幸せ、世界の平和」ということになりま

す。

　元日は、四方拝・歳旦祭、新年祝賀の儀が行われ、2日は新年一般参賀が行われます。

　四方拝とは、元日の早朝、天皇自らが、神嘉殿南庭の拝礼の御座で、伊勢神宮の皇大神宮・豊受大神宮の両宮に向かって拝礼した後、続いて四方の諸神祇を拝する、という最も大切な儀式の1つで、天皇親拝であることから、現在の天皇（今上陛下）も執行されています。

　古くは、『日本書紀』の「皇極天皇元年八月朔日条」にあり、天皇は南渕で「四方を拝み、天を仰ぎ祈り給ふ」とあります。かなり古代から行われていた祭儀（道教系の星辰信仰、帝王の礼としての天地拝、自然崇拝・先祖崇拝など）が統合されて、9世紀前半ころに、元旦四方拝が国家の公式行事として整備されたようです。

　明治時代以前の天皇（孝明天皇まで）は拝礼のときに、特別な祈りの言葉（呪文）を唱えたといわれます。それは『内裏儀式』・『江家次第』によると表の通りです。

　あらゆる災厄が、我が身を通り過ぎていくようにと祈る、つまり、あらゆる災厄が国土・国民ではなく天皇自らに来るように、という**究極の無私、かつ壮絶な祈り**なのです。

　この祈りのことを平易にして、児童生徒・学生に伝えると、さすがに天皇

🗞 天皇が唱えた特別な祈りの言葉

賊寇之中過度我身（ぞくこうしちゅうかどがしん）	五兵六舌之中過度我身（ごへいろくぜつしちゅうかどがしん）
毒魔之中過度我身（どくましちゅうかどがしん）	厭魅之中過度我身（えんみしちゅうかどがしん）
毒氣之中過度我身（どくけしちゅうかどがしん）	萬病除癒（まんびょうじょゆ）
毀厄之中過度我身（きやくしちゅうかどがしん）	所欲随心（しょよくずいしん）
五危六害之中過度我身（ごきろくがいしちゅうかどがしん）	急々如律令（きゅうきゅうにょりつりょう）

字面からも伝わる凄まじい覚悟です

に対する尊敬の念が湧いてくるようです。

　明治以後の四方拝からは、国学的観点から、道教の影響、すなわち属星信仰や「急々如律令」などの呪文は除かれましたが、天皇の無私なる祈りの姿や内容は変わらず、神道祭祀として現在に至っています。

教科書に登場する天皇④　昭和天皇

　昭和天皇については、本文中にはなく、写真解説（下部参照）と年表（「昭和天皇がなくなり元号が昭和から平成に変わる」）の中だけに出てきます。

　おそらく教師が「玉音放送」とは何かは、説明はすると思われます。

　しかし、教科書の昭和天皇の記述がたったこれだけだと、「天皇の声で戦争が終結できるのなら、なぜもっと早く天皇が決断して戦争をやめさせなかったのか？」という疑問がわきおこるのではないでしょうか？

　なぜなら小学校歴史教科書には、先の大戦の惨禍の例が多く掲載されています。教科書に出てくる大空襲や原爆の被害、「ひめゆり学徒隊」や対馬丸などの沖縄の悲劇も、「もっと早く天皇が決断していれば無かったではないか？」と子どもたちは感じ不信感を持つでしょう。

　「昭和天皇は何故、戦争を止められなかったのですか？」について、詳しくは中学校歴史教科書以降に回すとしても、「ご聖断」と終戦直後の「全国御巡幸」については、小学校歴史教科書でも、少しでもふれておく必要があると感じております。

　昭和天皇は、終戦翌年の1946年から1954年にかけて全国（米統治下の沖縄を除く）を御巡幸されました。昭和天皇ご自身が強く希望されて始まっ

東京書籍
玉音放送を聞く人々　写真解説 ラジオ放送で昭和天皇の声によって戦争の終結が国民に知らされました。

たものです。

　また、前述の四方拝につきましては、昭和20（1945）年の元旦、Ｂ29爆撃機の襲来の空襲警報が鳴り響いても、昭和天皇は防空壕に臨時の斎場を設け、四方拝を執り行ったとあります。

　昭和天皇は身を挺して、国と国民を守ろうと祈られたのでした。実際、ポツダム宣言の受諾の御前会議の際にも、マッカーサーとの会見の際にも、その祈りを実践され、あらゆる苦難を一身に引き受けられようとされたのです。

　戦後まもない全国御巡幸もその祈りの発露だったのでしょう。当時の日本国民は、それが分かっていたからこそ、戦災後にも関わらず、陛下を全国で歓呼してお迎えしたのです。これこそが、「君臣一体」の理想の姿であり、天皇と国民との絆なのです。

　小学校歴史教科書には、ごく簡単にしか扱われていない昭和天皇ですが、名門ハーバード大学の授業では、極めて困難な状況下で日本を終戦に導いた昭和天皇のモラル・リーダーシップを客観的に高く評価しています（『ハーバード大学日本史授業』）。

　日本の現代史上で極めて大きな役割を果たされた**昭和天皇については、本文中に一度も記述はありませ**んが、「三種の神器」という言葉が、昭和史の本文中に２度にわたって登場します（下部参照）。

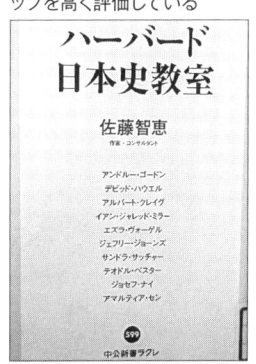

昭和天皇のモラル・リーダーシップを高く評価している

東京書籍

- 国際社会に復帰した日本はアメリカの協力により、産業を急速に発展させました。家庭では、「三種の神器」と呼ばれた白黒テレビ、電気冷蔵庫、電気洗濯機などの電化製品が広まり、人々の生活は豊かになっていきました。
- 国民の生活は豊かになり、三種の神器に変わり、３Ｃ（カー、クーラー、カラーテレビ）が多くの家庭に広まりました。

　三種の神器には本来の意味があります。皇祖神天照大神からニニギノミコトに授けた三種の宝器である鏡・剣・玉のことであり、歴代天皇、そして、今上陛下が天皇のあかしとして引き継がれたもので、その起源は、神代、ま

コラム
column

「権威による統治」を子供たちにも伝えよう！

　私の授業実践（高校・短大・大学）では、「竈の煙（かまど）」のエピソードを一緒に読み込んで、ワークシートにチャレンジさせ、内容や回答に関する発問とその反応を中心に組み立てます。

ワークシート：徳治政治の実例‥「竈の煙」
❶帝（ミカド）は民の生活を知るためどうしたか？
❷その結果、何を見て何を感じたか？　❸帝はどんな命令（詔）を出したか？
❹3年後、民の暮らしはどうなったか？また、帝は何と言ったか？
❺帝のお后は何と言ったか？それに対して、帝は何と言ったか？
❻民は何を願い出たか？　それに対して、帝はどうしたか？
❼何という書物に書かれているか？　❽この帝の陵墓はどこにあるか？
❾①世界最大の高さの陵墓　②世界最大の体積の陵墓　③世界最大の広さの陵墓
❿民はどうしてこのような陵墓の建設に協力したか？
⓫フランス革命やロシア革命はなぜ起きたのだろう？
⓬政治の「政」を「まつりごと」と読むのはなぜか？
⓭天皇の最も大切な役割は？
⓮日本に革命思想が普及しなかったのはなぜか？
⓯最後の将軍徳川慶喜は、どうやって危機を乗り越えたのか？

回答例
❶帝（ミカド）は、高台や小高い丘から四方を見渡した（国見）。
❷竈をから煙が立ち昇ってないのを見て、民の負担を除いて国を富ませねばな

さに悠久の昔にさかのぼります（注1）。

　この本来の意味が教科書では注も含め全く記されておらず、俗世の意味のみ２度も本文中に記載されており、何も知らない子どもたちは勘違いしかね

らないと感じた

❸向こう３年、課役を免ずるという命令を発した。

❹民は豊かになった。帝：「朕も富んだ」

❺后：「皇居の宮垣は崩れ、雨漏りしているのに、どうして富んだと言われるのですか」帝：「（政は民が本である）、民が富んでいるのだから朕も富んでいるのだ」

❻「税を取ってください。宮殿を修理させていただかないと天罰が当たります」。帝はさらに課役を免じ、３年後にはじめて課役を命じられた。民はすすんで老いも若きも昼夜を問わず働き宮殿は整った。

❼古事記、日本書紀　　❽大阪府堺市

❾①エジプトのピラミッド　②秦の始皇帝陵　③仁徳天皇陵

❿①帝が自分の事より民の幸せを優先したから　②聖帝の偉業を後世に伝えるため

⓫①王侯貴族は贅沢しても重税に苦しむ農民や市民に同情しなかった。　②帝政ロシアの無策や戦争（クリミア戦争・日露戦争・WWⅠなど）で、圧政が続き、農民・労働者の生活が困窮したから

⓬古代は、祭政一致。権威と権力の二重構造。帝（ミカド）＝天皇（元はスメラミコト、オオキミ）は祭祀的共同体の祭司（宗教的統一者）

⓭①祈ること＝国家的な儀式や神事の祭司の役目　②伝統文化（王朝文化）の継承者③国の象徴として、国と国民統合のためのお務め＝国事行為。

⓮日本国民は常に天皇と共に歴史を歩んできた（君臣一体）ことから革命思想はなじまなかった。

⓯将軍慶喜は、今まで預かっていた政権を天皇にご返上（大政奉還）し、恭順した。

ません。

　民衆史観がすべて悪いとは言いませんし、史実であることは確かですが、何というバランスを欠いた記述でしょうか。是正を希望します。

　皇室の存在意義を深く理解し、皇統の永続的発展（弥栄）を願うなら、次世代への教育こそが最重要課題です。

　民主主義国家の日本における皇室の存在を、矛盾なく伝承・史実に照らして理解させるためには、やはり、「権威による統治」（王道政治）と「権力による支配」（覇道政治）の違い、それゆえに、天皇家が今なお存続し国内外の要人からも尊敬されている理由など、を小学生にも分かりやすく、かつ具体的に示す必要が不可欠である、と私は強く主張してやみません。

（注1）『日本神話における「高天原」とは何か』松浦明博　幻冬舎　2024

第4章

元寇

国を挙げて国難に立ち向かい
膨大な数の侵略軍を打ち破った「元寇」は、
日本の歴史上最も誇るべき出来事のひとつです

執筆：**松木國俊**

元寇
についての各社の記述

東京書籍	日本文教出版	教育出版
武士たちは、元軍の集団戦術や火薬兵器（てつはう）などに苦しみながら、領地などの恩賞を得るために必死で戦いました。（中略）しかし、幕府は、活やくした御家人たちに新しい領地を与えることができませんでした。（中略）御家人たちの間では、鎌倉幕府に対する不満が広がり、自分たちの願いが実現される新しい政治が求められるようになりました。	御家人たちは、命がけで元軍と戦いました。しかし幕府から御恩として新たな領地をもらえた者はわずかしかいませんでした。そのため、御家人の中には、幕府に不満を持つ者が出てきました。	元との戦いで、御家人たちは多くの費用を使い、幕府のために命がけで戦いました。しかし、幕府からはほうびの土地をもらうことができず、次第に不満をもつようになりました。こうして、幕府と御家人との関係がくずれ、幕府の力はおとろえていきました。

自衛戦争だから勝っても新しい領地は取れない

でもそれは戦う前から分かっていたことでは？

油断できない「元寇」の扱い

　日本が建国以来最大の危機に直面した「元寇」について、各社の教科書は上記のように記述しています。どの教科書も御家人たちは幕府に恩を売って自分たちの領地をふやすために元軍と戦ったように書いていますが、これでは彼らが戦った動機は「私利私欲」のためだったことになります。

　３つの教科書全てに竹崎季長が恩賞を求める場面を描いた絵を掲載してお

り、文教出版に至っては半頁を使って「竹崎季長の恩賞を得るための戦い」という4つの絵を4コマ漫画よろしく掲載し、それぞれ「戦場へ出発する季長」「ほうびをもらう季長」「幕府の役人にほうびを求める季長」「二度目の戦いに参加する季長」という説明が付けられています。

これらの記述からは、「元寇」が日本開闢以来の「国難」であり、私たちの祖先は国を挙げて「国難」に立ち向かい、元・高麗軍の侵略から日本を守ったという基本的事実を読み取ることができません。

「日本の武士は国を守るために勇敢に戦って元・高麗連合軍を撃退した」と事実通りに書けば、「戦争賛美」であり「軍国主義」の復活に繋がると、左翼思想に凝り固まった筆者たちは考えているに違いありません。

従って彼らは敢えて**「武士が恩賞にこだわった」という史実の一部を切り取って全体化し、日本の武士たちの勇戦を貶めている**のでしょう。また「高麗軍」についてまったく触れていないのは**韓国や北朝鮮に対する過剰配慮**ではないでしょうか。

▌日本は挙国一致で戦った

かつて戦前に用いられた小学校教師用指導書には、元寇について次のように史実を素直に書いてあります。[注1]

> この勝利は、主として挙国一致熱烈な愛国の精神にまつところ多し。かしこくも亀山上皇は宸筆の願文を伊勢の神宮にささげ、御身を以て国難に代わらんことを祈りたまひ、時宗また一身を抛ちてこの難局に善処し、将士の奮起は素より、国民悉く義憤の精神を発揮し、庶民は兵食・武具の運搬に力めてしきりに勇士を後援し、全国の寺社は敵国降伏の熱禱をささぐるなど、かかる愛国精神の発揮が、やがてこの未曽有の国難をはらい、国威を宇内に発揚せし所以なり。

　ここで触れている亀山上皇の願文には、

> わが御代にして、かかる亂れ起こりて、誠にこの日本の損（そこな）はるべくは御
> 命を召されたまへ。

　とあります。上皇は自らの命と引き換えに日本を守って欲しいと祈られた
のでした。
　このように日本人は元・高麗軍の侵略に対して、皇室も幕府も一般民衆も
皆力を合わせ、挙国一致で戦ったのです。

┃ 元・高麗軍の残虐行為

　ではなぜ、これほどまでに日本中が団結したのでしょうか。もちろん「天
皇を戴く日本が元の属国などになってたまるか」という執権北条時宗の誇り
と決意もあったでしょう。それと共に、来寇した元・高麗軍が対馬・壱岐で
犯した残虐行為の数々が、日本人を奮い立たせたことを忘れてはならないで
しょう。
　蒙古来襲関連資料集『伏敵編』（山田安栄編）の中の『高祖遺文録』（日蓮
の遺文を集めたもの）は、文永11（1274年）の「文永の役」における元・
高麗軍の對馬・壱岐での暴虐を次のように記しています。

> 去文永十一年太蔵甲戌十月ニ蒙古国ヨリ筑紫ニ寄セテ有リシニ、対馬ノ
> 者カタメテ有シ、総馬尉（そうまじょう）等逃ケレバ、百姓等ハ男ヲハ或ハ殺シ、或ハ生
> 捕ニシ、女ヲハ或ハ取集テ、手ヲトヲシテ船に結付、或ハ生捕ニス、一
> 人モ助カル者ナシ。壱岐ニヨセテモ又如是（かくのごとし）。

　弘安4（1281年）の「弘安の役」でも同様の残虐行為がありました。有
名な元寇研究家の田中政喜は、著書『元寇史話』（昭和17年　東京帝国書
院）の中で壱岐の惨劇をこのように記述しています。

> 敵兵は資時始め戦ふ武士が皆討ち死にしたので、今度は罪なき住民を捕えては天人共に許さざる暴虐の限りを盡しました。（中略）或は孕める婦人の腸を斬って中の嬰児を掴み出し、或は女子供の掌に穴を穿って荒縄を通し、彼方此方と引きずりまはしました。その数は三百餘人に上り残虐の程は全く悪逆野獣の仕業としかおもわれませんでした。

このような元・高麗軍の悪逆非道の所業が本土に伝わったことで、全国民が奮い立ち「元・高麗軍討つべし」という覚悟を固めたのです。前出の『元寇史話』は元・高麗軍の暴虐に憤る武士の意気ごみを、次のように描写しています。

> 一方九州では此の對馬壱岐の注進が傳ると待ちに待った夷狄の襲来に「すはこそ怨敵御座んなれ」とばかりに、日本武士の胸の血潮は湧き返りました。

日本人のプライドを世界に示した出来事

「文永の役」では、博多湾に上陸して大宰府に迫った元・高麗軍に武士たちは果敢に立ち向かいました。当初は敵の集団戦法や火薬兵器に戸惑いながらも、日本の罪なき老若男女が元・高麗軍によって惨殺されてなるかと命がけで戦ったのです。**単なる恩賞目当だったかのように描いている小学校歴史教科書は、史実を捻じ曲げており、私たちの祖先を侮辱している**と言わざるを得ません。

このような日本側からの予期せぬ頑強な抵抗を受けて当惑した元・高麗軍は、1日で退散しました。しかしながら、これで元の皇帝フビライが諦めるはずはありません。再度の来寇が予想され、武士ばかりか一般民衆も必死でした。彼らは武士たちに協力して兵糧の備蓄や武器の運搬、情報収集にあた

り、さらに上陸予想地点である博多湾一帯20キロにわたって石塁を築きました。

7年後の弘安4年、再び侵略軍が襲ってきました。この「弘安の役」では、まず蒙古人、高麗人、漢人（主に満洲民族）からなる「東路軍」約4万人が朝鮮半島南部の合浦を出発し、對馬・壱岐を侵して博多湾に達しました。しかし彼らは石塁に阻まれて直接上陸できず、防備が手薄な志賀島に上陸しました。日本の武士はここぞとばかり迎え撃ち、「東路軍」の主力を一旦壱岐まで撤退させています。

その後「東路軍」は、元に征服された南宋の兵約10万人で構成された「江南軍」と平戸島付近で合体。合計14万人、軍船約4500隻に膨れ上がった侵略軍は、一挙に九州北部に上陸すべく博多湾の西側に位置する鷹島周辺に大船団を集結させました。

その時、超大型の台風が敵軍を襲い、大半の軍船が沈没して日本は瀬戸際で助かったのです。

「弘安の役」での日本の勝利を決定づけたのは確かにこの台風でしたが、そこまで日本側が戦い抜き、敵を撃退し続けたことが、この「幸運」を呼び寄せたのは間違いないでしょう。

「元に従属せよ」というフビライの傲慢無礼な要求を敢然と跳ねのけ、**国を挙げて国難に立ち向かって膨大な数の侵略軍を打ち破った「元寇」は、日本人の気概とプライドを広く世界に示しました。**それは日本の歴史上最も誇るべき出来事の1つであり、その史実を知れば、子供たちの心に祖先への感謝と国や郷土を愛する気持ちが芽生えるに違いありません。子供たちに日本人としての自信と誇りを育む絶好のテーマのはずです。教科書会社には是非左翼執筆者を良識的な執筆者に入れ替えて、現在の歪んだ記述を改めてもらわねばなりません。

（注1）昭和11年度版文部省「小学校歴史今日使用書」中巻74～75頁（日本テレビドキュメントシリーズ12木曜スペシャル『蒙古来襲700年』より）

第5章

アイヌ問題

和人が巨悪でアイヌは犠牲者という
二元論の対立構造に単純化する考え方は危険です
アイヌに友好的な和人たちの事績もありました

執筆：**松浦明博**

アイヌ問題の現状
についての各社の記述

先住民族の人々の人権

アイヌの人たちは、日本に古くから住む先住民族としての権利をうったえ続けてきました。1997年、日本では、アイヌの人たちのもっている独自の文化を守るためにアイヌ文化振興法がつくられました。2007年に、世界の国々が加盟する国際連合で、アイヌ民族をふくむ世界の先住民族の権利を守ることを目ざす宣言が採択されました。これを受けて、2008年、国会で「アイヌ民族を先住民族とすることを求める決議」が採択されました。

★国際連合の会議で演説するアイヌの人たちの代表（1992年）の写真

・・・・・

アイヌの人たちは、古くから、北海道をはじめ、北は樺太（サハリン）や千島列島、南は東北地方の北部までの範囲の土地で暮らしていました。そして、アイヌ語という言語をもち、独自の文化と歴史を築いてきました。しかし、アイヌ語や伝統工芸の一部など、受けつぐ人が減少し、続けていくことが難しくなっている文化があります。また、アイヌの人たちの歴史や文化について、十分に理解されていないという課題もあります。アイヌの人たちの歴史や文化への理解を深め、未来へつなげていくために、2020（令和2）年、北海道白老町に民族共生象徴空間（ウポポイ）が開業しました。ウポポイでは、国立アイヌ民族博物館をはじめ、アイヌの人たちの歴史や文化を学ぶことができる施設の見学や、伝統的なおどりの鑑賞、木ぼりやししゅうの体験などを通して、アイヌの人たちの暮らしや文化について知ることができます。

文化を伝えて保存する博物館の役割：「アイヌの人たちの文化の復興を目ざして

国立アイヌ民族博物館の展示室　アイヌの人たちの視点で衣服や暮らしの道具などを展示するほか、映像や音声でアイヌ語やアイヌの人たちの音楽、おどりなどについて紹介しています。

先住民族としてのアイヌは正しいのか

これは小学校社会科教科書のうち、おもに公民的分野になりますが、歴史分野にも関わってきますので、ふれておきます。

最近では、アイヌ文化は、漫画やアニメ『ゴールデンカムイ』の影響、ウポポイなどの博物館施設の充実で、以前に比べ認知度は上がってきたと思われます。これらは、一般の日本人へのアイヌ啓発事業としての意義があると言えます。

では、小学校社会科学習指導要領はどのようになっているでしょうか？

学習指導要領は「先住民族であるアイヌの人々」と明確に示しており、それゆえ教科書にも記載されています。しかし、これについては、「アイヌ民族」は5〜13世紀ころ北方から侵入してきた異民族（オホーツク文化人など）であり、先住民族ではないと主張する研究者もいます。

🖊 小学校社会科学習指導要領

第3章 各学年の目標及び内容

我が国の伝統や文化が長い歴史を経て築かれてきたものであること、そうした遠い祖先の生活や、人々の工夫や努力が今日の自分たちの生活と深く関わっていることに気付くことができるようにすることが大切である。なお、その際、「アイヌ民族を先住民族とすることを求める決議」（平成20年6月6日衆・参議院本会議）、「アイヌ文化の復興等を促進するための民族共生象徴空間の整備及び管理運営に関する基本方針について」（平成26年6月13日閣議決定（平成29年6月27日一部変更）を踏まえ、現在の北海道などの地域における先住民族であるアイヌの人々には独自の伝統や文化があることに触れるようにする。（琉球文化については略）

小学校社会科学習指導要領解説

現在の北海道の地域などにおける先住民族であるアイヌの人々には独自の伝統や文化があることに触れる。

「アイヌの人々は、先住民族であるか否か？」

正確に言うと、日本列島の先住民は、まさしく縄文人であると言えます。

われわれ日本人は、数千年という幾星霜を経てもなお、北は北海道から南は沖縄周辺に至る日本列島ほぼ全域において、縄文人のＤＮＡを平均で10〜20パーセントほど受け継いでいます。このことは、すでに科学的（核ゲノム解析）に実証済みです。

なかでも、「アイヌの人々」は、縄文人のＤＮＡを最も多く保持していて、混血していないアイヌの人たちならば7割前後受け継いでいます。本土の中では東北の人々に縄文人ＤＮＡが多く残っています。

日本列島の先住民は縄文人であり、その縄文人の末裔（直系の子孫）こそが「アイヌの人々」であると言えるでしょう（『アイヌと縄文：もうひとつの日本の歴史』瀬川拓郎）。これらは最新の核ＤＮＡ解析による科学的根拠に基づく研究データからも明らかになってきました。

また、日本国内で、縄文人のＤＮＡがない人は日本列島に先祖が住んでいなかった可能性が高く、例えば、中国や東南アジアから来た人の多くは、縄文人のＤＮＡがほとんどないという検証結果もあります。

縄文人のＤＮＡは、日本列島に暮らしてきた先祖を持つ人たちに代々、受け継がれてきたものなのです。

私たち現代日本人および韓国人と縄文人との関係

アイヌの次に縄文人のＤＮＡが残っているのは、沖縄の人たちで、約3割程度と見積もられています。沖縄とアイヌの風俗や文化に多く共通性が見出されるのも、両者ともに縄文人のＤＮＡが多く残っているからなのでしょう。

現代の日本列島人三集団と縄文人との関係を見たところ、アイヌ、琉球、本土日本人の順に縄文人の遺伝要素が強いことがわかっています。

また、韓国から出土した約6300年前の古代人骨（加徳島獐遺跡）からも

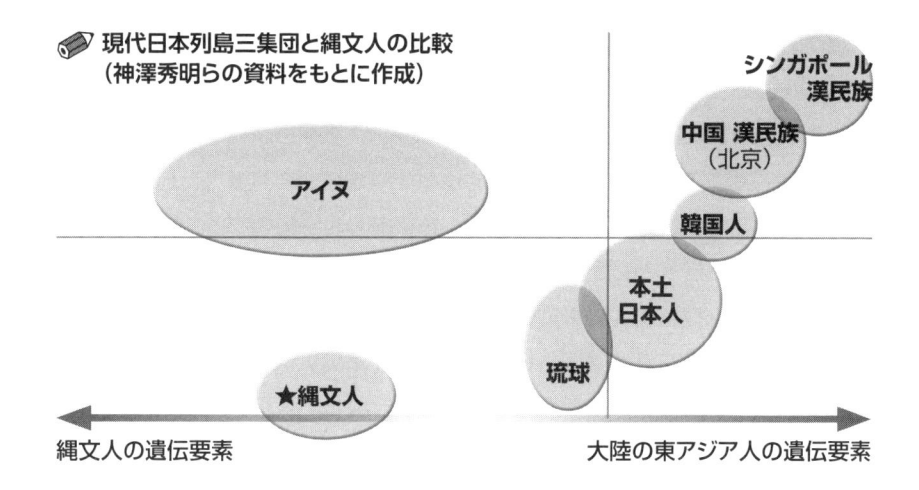

📎 **現代日本列島三集団と縄文人の比較**
（神澤秀明らの資料をもとに作成）

シンガポール
漢民族

中国 漢民族
（北京）

韓国人

アイヌ

本土
日本人

琉球

★縄文人

縄文人の遺伝要素　　　　　　　　　　　大陸の東アジア人の遺伝要素

縄文人と類似したＤＮＡを持っていることも分かってきました。おそらく日本からの移住や日本と往来した縄文人が多く存在していたと考えられます。現代の韓国人にも１～２パーセント程度は縄文人に由来するＤＮＡがあるとされています。

　鬼界カルデラが起こした7300年前の「アカホヤ噴火」が、完新世（11700年前～現在）で世界最大の噴火であることが神戸大学の研究でも明らかとなりました。この噴火の火砕流は、「南九州の縄文文明に壊滅的な被害を与えた」と表現しています（『神戸大学プレスリリース』2024.2.22）。

　現代においても、このような大規模噴火が起これば、その火砕流と火山灰は文明や社会に壊滅的な被害を与えると指摘されています。喜界カルデラの大噴火によって、九州の縄文人たちが本州四国のみならず、朝鮮半島や大陸、太平洋の島々に移住していった可能性が大いにあります。

　もともと縄文人の活動範囲は非常に広く、縄文早期の遺跡からも比較的大型の丸木舟が出土しており、これらを駆使して海を渡りました。朝鮮半島のみならず、台湾の先住民族にも縄文人のＤＮＡが少し残っているのもそのためと考えられます。

　韓国人と中国人（北京の漢民族）とのＤＮＡの違いは、韓国人に縄文人由来のＤＮＡを残っているためと考えられます。より古い時代になると、韓国でも縄文人のＤＮＡが濃くなることも分かっています。

　「アイヌは、縄文にあらず」と主張してやまない人たちは古い研究データに依拠して論を立てています。情報量の多い核ＤＮＡ解析によって明らかな科学的事実であり、これを全く認めないのは、かつて夏島貝塚の土器を世界最古級とした測定結果（炭素年代測定法）を認めなかった、当時の日本の考古学者たちと同じであると言わざるをえません。

　本州の和人（「倭人」）と北海道のアイヌは、習俗や文化の違いがあっても同じ日本民族であり、縄文人を遠い祖先とする血を分けた兄弟同胞に他ならないのです。しいて言うなら、異母兄弟かもしれません。

　アイヌの人々は、平和な共生社会を築いた縄文人と厳しい環境を生き抜き戦闘的な要素もあるオホーツク文化人との混血と考えられます。中世以降には、東北地方沿岸で海賊行為を行ったり、東北地方の城郭で傭兵として働いたアイヌが存在したことが、考古学研究でも明らかにされて来ています。

　大和王権（大和朝廷＝天皇を頂点とする政権）による「蝦夷」征討の歴史が、『日本書紀』等には数多く描かれています。蝦夷や土蜘蛛などは先住民（元は縄文人）であり、中世以降のアイヌとよばれた人々で、中央政権からの抑圧に耐え、ときには抵抗してきたのではないか、とも考えられます。

　いっぽう、大王（天皇）の起源についても、縄文の首長ではないか、とする説もありますが、これらについては稿を改め、深めていきたいと思います。

アイヌとの交流
についての各社の記述

東京書籍	日本文教出版	教育出版
コラム：蝦夷地（北海道）では松前藩がアイヌの人々との交易を行っていました。 コラム：北海道・江戸時代、北海道は蝦夷地とよばれていました。ここでは、アイヌの人たちが、狩りや漁で得たものを日本や中国の商人と取り引きしていました。アイヌの人たちが中国との交易で手に入れた蝦夷錦とよばれる絹でおられた着物は、高い値段で取り引きされました。	コラム：北海道には、昔からアイヌ民族が住んでいました。江戸時代、アイヌの人々と交易する権利を持っていた松前藩は、アイヌの人々が持ってくるサケ・昆布・毛皮などをわずかな米や武器と取りかえました。アイヌの人たちが中国との交易で手に入れた蝦夷錦とよばれる絹でおられた着物は、高い値段で取り引きされました。	北海道には、独自の文化をもつアイヌの人たちが古くから住んでいました。北海道の南部に領地をもつ松前藩は幕府の許可を得てアイヌの人たちと交易を行い、海産物や毛皮、織物などと、本州の産物を取り引きしました。 ★写真説明：漁場で働くアイヌの人たち 　アイヌの人たちと取り引きする権利をあたえられた商人たちは、アイヌの人たちを安い賃金で働かせました。

鎖国の中での交流

　アイヌの人たちと和人について、各社とも鎖国のもとでの交流と対立を主に記述しています。

　教科書では、鎖国体制下で、幕府が外国との貿易を独占したこと、また、鎖国といっても、完全に国を閉ざしたわけではなく、長崎でのオランダ・中国との貿易以外でも、対馬藩、薩摩藩、松前藩を通して、朝鮮、琉球王国、

アイヌの人たちと交流・交易をしていたことが、アイヌの記述に先立ってを記されています。

　ただ、当時、アイヌの人たちの住む蝦夷地（今の北海道）は、実質的に幕藩体制下の松前藩の領地であり、蝦夷地で生活するアイヌの人たちは領民であるはずなので、朝鮮、琉球王国などと同列に扱うのはいかがでしょうか。李氏朝鮮、琉球王国のように、アイヌの独立した国があったのでしょうか。そんな事実はありません。

　いっぽう、領民であるはずのアイヌの人たちに対して、松前藩はどのような施策を行ったのでしょうか。また、家臣や商人たちもどのような取引をしていたのでしょうか。

▌商場知行制とは？

　アイヌは、北海道南部から樺太までに広い範囲に居住しており、縄文文化以来の舟を使った交易（物々交換での取引）を北方や東北地方全般と取引をしていました。中世以降は、さらに交易は盛んとなりました。

　戦国時代、蝦夷地は蛎崎慶広（かきざきよしひろ）が治めていました。文禄2（1593）年、慶広は、朝鮮出兵の時に肥前・名護屋まで参陣し関白豊臣秀吉から、蝦夷地支配の朱印状を与えられました。慶広は、蝦夷地の領主として蠣崎氏を出羽・安東氏から独立させました。秀吉死後は徳川家康に蝦夷地図や家譜を献上し、1599年、姓を松前と改めます。

　慶長9（1604）年、慶広は、徳川家康から安堵状が与えられ、蝦夷地の領地権、徴役権、交易独占権を得て、松前藩の初代藩主となります。

　江戸時代は、封建制度ですので、領主（藩主）たちは家臣への俸禄として土地を与えました。家臣たちは与えられた土地を農民たちに耕させて、年貢として得た米の収穫量（石高）で生計を立てます。この米中心の経済制度を石高制と言います

　しかし、蝦夷地は、米をはじめ作物の収穫が非常に難しかったため、幕府は、松前藩には石高制に代わる制度を認めました。アイヌとの交易で得られる利益を石高代わりとする制度です。これを「商場知行制」といいます。松前藩独自の制度でした。

　松前藩は、北海道各地の海岸線に船を送って交易できる地域を設定し、家臣には土地ではなく、アイヌとの交易権と場所を与えました。その交易場所のことを「商場」といいました。

　家臣たちは、与えられた商場でアイヌと交易して利益を得ました（知行）。まず、アイヌが欲しがるもの（鉄製品・米・酒など）を本州の商人から買いました。家臣たちは商人から購入した品々を持って、商場でアイヌと交易し、毛皮・昆布・サケ・ニシン・蝦夷錦など手に入れ、それを商人に売って利益を得ました。

　そこで「松前藩」は、「請負制度」（商人を「請負支配人」に任命して、彼からあらかじめ税を徴収）をつくり、「請負支配人」は、現地のアイヌを使役して獣皮（ラッコ、アシカ、アザラシ、セイウチ、トド、鯨など）を獲らせました。

▌松前藩とアイヌの関係

　商場知行制は、松前藩の設置した商場以外での交易を禁止することで、アイヌとの交易権を独占することができました。家臣たちも、商場でのアイヌとの交易を独占し、利益をあげることができました。

　しかし、アイヌにとっては、商場知行制のせいで、他の和人などと自由に交易できなくなってしまいました。また、松前藩は独占を破って取引が行われることのないよう、和人とアイヌの住む場所を分断して、両者が簡単に交流できないようにしました。この居住地と交易の制限に、それまで自由に移動し交易していたアイヌたちは次第に不満を持つようになったのです。

　また松前藩は、交易以外の収入源である砂金採掘のために、アイヌ民族の生活圏の奥（聖地）である川の上流まで入り込み、山を切り崩したり、川を汚したりしたので、猟場やサケ漁などの漁場に悪影響が出ることもありました。

　蝦夷地では、約2000年前に北の縄文文化の要素を継承した続縄文文化が成立し、約1200年頃、続縄文文化は擦文文化に移行します。ほぼ同じころ、北からオホーツク人が入って来て、アイヌ文化が形成されます。擦文文化の影響を色濃く受けるアイヌの人々は「川の民」でもありました（藤本強『日本列島の三つの文化』）。

　アイヌの人々も砂金取りは行いましたが、川を汚してサケ漁に悪影響を及ぼすことはありませんでした。自然には多くの神様がいて、その自然の恵みを大切にしながら狩猟採集・漁労の生活をしてきたのです。それゆえ、聖地の冒涜や自然破壊に対するアイヌの人々の不満・怒りもありました。

🖊 アイヌ文化表（日本列島の時代区分）

	前1000	前500	1	500	1000	1500	1900（年）
日本史時代区分	縄文時代	弥生時代	古墳時代 / 飛鳥時代	奈良時代 / 平安時代	鎌倉時代 / 南北朝時代 / 室町時代 / 安土桃山時代	江戸時代	明治時代
北方の文化	縄文文化 / 続縄文文化		擦文文化 / オホーツク文化		アイヌ文化		（北海道）
南島の文化	貝塚時代前期の文化（縄文文化）		貝塚時代後期の文化		グスク時代	琉球文化	（沖縄県）

シャクシャインの乱
についての各社の記述

東京書籍	日本文教出版	教育出版
コラム：17世紀半ば、シャクシャインに率いられたアイヌの人たちは、不正な取り引きを行った松前藩と戦いました。★シャクシャインのとりでの跡と蝦夷錦の写真	コラム：17世紀の中ごろ、不正な取り引きに対する不満が高まり、シャクシャインを中心に多くのアイヌの人々が立ち上がりました。しかし、幕府の助けをかりた松前藩におさえられました。	コラム：1北海道：蝦夷地とよばれていた北海道では、アイヌの人たちが、狩りや漁を行いながら生活していました。松前藩との交易が始まると、アイヌの人たちは、不利な条件の取り引きをしいられたり、自然を荒らされたりして、しだいに生活をおびやかされるようになりました。これに抗議して、アイヌの人たちは戦いを起こしましたが、松前藩に敗れ、いっそう厳しく支配されるようになりました。★写真説明：シベチャリチャシ跡　アイヌの人たちを率いて松前藩と戦った、シャクシャインのとりでのあとです。

松前藩の横暴への怒りが原因ですか

そうだね　でも実はもっと複雑なんだ

シャクシャインの乱とは?

　教科書の記述は、基本的に、アイヌと松前藩、アイヌと和人の対立の構図になっています。

　では、シャクシャインの戦いはなぜ起こったのでしょうか？

背景・原因は主に4つあげられます。

---

①商場知行制で、自由な居住と交易を失ったことへのアイヌの不満

②松前藩の不当な取引への不満

③生活圏や聖地（山・川など）の破壊への憤り

④アイヌ同士の争い

ここでは、まだ触れていない④について述べていきます。

蝦夷地のアイヌも幾つかの部族に分かれ首長（写真）がおり、部族間の争いもありました。余市から宗谷に至る北の海岸時沿いの余市アイヌ、石狩川沿いで内陸部の石狩アイヌ、シベチャリ川（静内川）をはさんで、主に西側（室蘭や苫小牧のある胆振地方）に住むシュムクル、東側（道東の海沿い）に住むメナシクル、南部の内浦湾沿いの内浦アイヌ、とそれぞれ呼ばれていました。松前藩は、道南に勢力を持っていました。

アイヌ語地名で日高町門別をパエ、静内をシベチャリといいますが、それぞれの村には首長がいて、パエの首長はオニビシでシュムクルを率いていました。シベチャリの首長はカモクタイン、副首長がシャクシャインでメナシクルを率いていました。

アイヌの首長の絵　松浦武四郎記念館　筆者撮影

シャクシャインの戦いは、シュムクルとメナシクルの対立を契機として起こりました。

1646年頃からメナシクルとシュムクルは、境界線に位置するシベチャリ川（静内川）の猟獣権をめぐり争っていました。1653年、両者の争いで、メナシクル（東側）

の首長カモクタインが、シュムクル（西側）の首長オニビシに殺されます。メナシクルの新首長は、副首長シャクシャインがなりました。

　松前藩は、シュムクルとメナシクルの両者の争いで交易に被害がでることから、両者の仲介を試み、争いはいったん収束します。しかし、1665年、松前藩が交換比率を大幅に上げたこともあって、両者の仲は再び険悪となります。

　松前藩は、独占交易権を利用して、それまで干しザケ100本に対して米30キログラムを渡していたのを、10キログラムまでに減らしました。アイヌは、交換レートの引上げに伴い沢山の魚を用意する必要がありました。応じなければ、アイヌの子どもを人質に取るということもあり、子どもを大事にするアイヌには耐え難い苦難でした。そのためサケの漁獲量は死活問題となりました。

　1668年、メナシクルの新首長シャクシャインが、父の仇であるシュムクルの首長オニビシを殺害します。そこで、オニビシを殺されたシュムクルの新しい首長ウタフは、松前藩に応援依頼（武器支援）を要請します。

　松前藩はこれを拒否しました。争いに関わりたくない松前藩は、害があって利もないのに、わざわざそんなことをするはずがありません。領地領民を上手く統治できていないとなれば、幕府からにらまれ、下手をすれば改易や減封・転封、よくても交易独占権の停止・剥奪になりかねません。

　結局、ウタフは交渉に失敗し、失意のうちに地元に帰る途中、疱瘡（天然痘）で急死します。松前藩との交渉決裂の直後ということで、「ウタフは和人に毒殺された」という誤報がアイヌの間に流れます。

　シャクシャインは「ウトフ義、松前にて毒飼せられ相果て候、此已後も狄（アイヌの地）へ参り食物に毒を入れ狄とも殺可申」（『津軽一統志』）、「メナシクル（シャクシャイン側）の狄の義は松前よりにくまれ候と相見得申候、以来毒飼にて殺され可申候義紛無之間、各一味仕松前より参り候商船を先打ち殺可申」（『同』）として、「アイヌの仲間を毒殺してきたのは松前であ

り、松前の商人を殺すべし」とメナシクルのシャクシャインは、東西のアイヌに檄を飛ばしました。シュムクルとメナシクルは争いをやめて結束し、松前藩に対し武装蜂起しました。

シャクシャインの戦いの始まりと経過

　1669年6月、蜂起の中心となったシャクシャインらは2000の軍勢を率いて、松前へと進軍しました。

　いっぽう、松前藩や和人の商人たちは戦いの準備などしてはいませんでした。そもそも全面戦争などする気はなかったからです。しかし、各地でアイヌ人が蜂起し、和人の商船や鷹待（鷹狩り用の幼鳥を捕獲する商人）らを襲撃しました。松前藩はアイヌ側の先制攻撃に対抗できず、東蝦夷地では153人（213人とも）、西蝦夷地では120人（143人とも）の和人が殺害されます。

　松前藩からの援軍要請を受けた江戸幕府は、すぐさま東北諸藩の弘前藩・盛岡藩・久保田藩（現在の秋田市）に出兵を命令しました。

　アイヌの武器は狩猟用の弓矢が主体ですが、松前藩は鉄砲を使用し、幕府から支援もあるため、武器・弾薬・兵糧共に松前藩側が圧倒的に有利でした。

　戦闘が8月上旬まで続きますが、劣勢となったシャクシャイン軍は自分達の本拠地まで後退します。冬には食料が尽きてしまううえ、戦闘集団である武士団と違い、アイヌは武器の質量も劣り、本格的な戦闘や長期戦では武士にかないません。

　また、松前藩は、関係の深いアイヌを味方につけるなどアイヌの離反工作も行ったため、次第にアイヌの団結力・戦闘意欲も弱まっていきます。降伏する部族もあり、団結は長続きしませんでした。

　11月、松前藩から和睦の話が持ち込まれ、明らかに形勢不利だったシャクシャインは和睦に応じます。ピポク（今の新冠町）で、松前藩とシャクシ

ャインとの和睦交渉が始まりました。その和睦の宴席中にシャクシャインは討たれます（毒殺説もあり）。

　松前藩の罠でした。他の首長も含め74人が殺害されたとも言われています。和睦と見せかけての首領級の暗殺・毒殺は古代からあり、戦国時代では茶飯事でした。本州の戦国時代、シャクシャインの乱の100年以上前（1457年）に発生したコマシャインの乱の終わりもそうでした。今回も指導者を失ったアイヌ勢力は衰退し、松前藩に逆らうものはいなくなりました。

　シャクシャインの戦いは、アイヌの誇りをかけた義挙の面も確かにあります。しかし、これは私見ですが、結論的には暴挙でした。大勢の和人やアイヌの人が死に、村も焼かれました。

　かりに松前藩を追い出しても、幕藩体制である以上、背後には江戸幕府の存在があります。松前藩の悪政が実際にあったとしても、幕府にとって反乱はご法度、その主謀者たちを許すはずもありません。島原藩の圧政に苦しむ農民や改宗を拒んだキリシタンを率いて戦った天草四郎と同じで、勝てる見込みはありません。島原・天草一揆（島原天草の乱）のときは、関ヶ原合戦の敗戦で浪人となった武将が作戦や戦闘指導しましたが、それでも凄惨な最期でした。

　全アイヌをもってしても江戸幕府を倒すことなど到底できません。実際、石狩アイヌなど戦いに参加しなかった部族もいました。団結は大事ですが、どこまでも話し合い（交渉）や請願行動でいくべきと考えます。

　しかし、武力蜂起を小学校教科書は壮挙とし、シャクシャインを英雄視している感があります。

　「海産物や毛皮などと本州の産物を取り引きし、そのやり方が不公平だったので、アイヌの人々が松前藩に対する不満が高まり、抗議の蜂起」と教科書（教育出版）の指導書にもあります。

　確かに、不公平なやり方をした家臣や商人もいたでしょう。しかし、やり方が不公平だから武力蜂起が正当化されるのでしょうか。

　平和教育を標榜する文科省や教育委員会が、蜂起を肯定するような記事を書いてある教科書の検定合格や採用してよいのでしょうか。これらを読んだ子どもたちも納得いかなければ武力で反抗しても良いのだ、と思わせないかと懸念します

　戦争には原因が必ずあり、その原因を作った人物（勢力）があるということと、暗殺や不可解な死も単なる個人の犯行や偶然というより、背後に勢力があるケースが多いこともそうです。戦争を引き起こして得をする人物（勢力）がいるということを良く見極めることが歴史や事件を正しく理解していくうえで大切です。

　ウタフは疱瘡で急死したのであり、松前藩はウタフを殺して、何か得をするのでしょうか？

　いや反対です。ウタフらシュムクルは松前藩と比較的、友好関係にあったのです。そんな味方をわざわざ殺す必要などありません。もし本当に、松前藩がアイヌ民族の減少や絶滅を考えているなら、仲介などせずに、部族同士の対立を煽り、双方に取り入って武器を与え、潰しあいさせれば良いのです。また、疱瘡（天然痘）を流行らせれば良いのです。北米大陸で白人がネイティブアメリカンに行ったように（天然痘の病死者の毛布を「贈り物」としてインディアンに渡した）。

　単なる病死であっても仇であるウタフというライバルが死ぬことで、アイヌたちが一致団結するチャンスとシャクシャインはとらえた可能性は否定できないでしょう。

　全アイヌのリーダーとなれること、全アイヌを率いたら和人にも勝てること、和人を殺すか追い出し蝦夷地を自らが治めること、彼はアイヌの歴史に残る偉大な英雄になることを夢見たのかもしれません。

　実際に、松前藩に蜂起したシャクシャインは、アイヌの誇りとされ、今も語り継がれています。昭和45（1970）年、新ひだか町にシャクシャインの立像が築かれ、昭和53（1978）年には「シャクシャイン記念館」（北海道

日高郡）が建設されています。毎年9月23日にはシャクシャイン法要祭が
開かれています。

　それでも私は、シャクシャインがせっかくアイヌをまとめることができた
なら、その集団の勢いで松前藩と話し合い（団体交渉）、もしくは幕府に訴
状などの手を試みてほしかったと、敗北後のアイヌの末路を見るにつけ悔や
まれます。それまでは一応、対等で共存関係にあったアイヌと松前藩は、完
全に上下・主従関係となってしまいます。

シャクシャインの戦いのその後

①交換比率の緩和

　松前藩は、交換比率の引上げがシャクシャインの乱につながることになっ
たことで方針転換し、米と鮭の交換レート等を改め、3倍から1・5倍に引き
下げることになりました。

②松前藩への絶対服従

　アイヌから武器を取り上げ、7か条の起請文によって絶対服従を誓わせま
した。

③アイヌとの交易を松前藩は商人に任せる（場所請負制）。

「場所請負制」では、家臣たちは直接アイヌと交易はせず、本州の商人が交
易を行いました。松前藩は、近江商人・飛騨屋などの商人に商場（場所）で
の交易を請負わせ、商人がアイヌとの交易で得た利益の一部を手数料（運上
金）として松前藩や家臣達へ納めさせました。この商場（場所）を商人に貸
し出す仕組みを場所請負制と言います。

　この仕組みで、多くの商人は武士以上に利益を追求し、アイヌはこれまで
以上に酷使されるようになりました。商人は、アイヌとの交易だけでなく、
漁獲や魚の加工（魚肥製造等）のためアイヌを低賃金労働に駆り立て、越冬
食糧の準備の暇も与えず、アイヌの生活は困窮しました。クナシリ・メナシ

の戦い（寛政蝦夷の乱）は、飛騨屋のアイヌに対する数々の横暴が主因であったと言われています。

しかし、多くのアイヌは、シャクシャインの乱の武力鎮圧以来、和人にはかなわないとあきらめていました。

また、アイヌも和人との交易を通じて、米や生活必需品などを得て生活していました。そのため商人に逆らえば生活ができなくなることを知っていました。

続縄文文化・擦文文化と自給自足してきた蝦夷地の人々も、和人との長く交易をしてきたなかで、作物栽培や漆加工・土器づくりなどの知識・技術が失われていました。そのためアイヌは交易品なしでは生活できなかったのです。

1800年前後くらいには、北方からロシアが不凍港を求め南下し、樺太・千島・北海道など北蝦夷地を狙って進出して来ました。こうなると、国防上の懸念事項が生じました。アイヌを酷使していると和人を恨み、敵にまわったアイヌたちがロシアと手を組むかもしれないという懸念です。

1800年代以降、防衛上の懸念から、江戸幕府は、松前藩によるアイヌへの圧政を問題視するようになり、松前藩の所領も幕府に召し上げられ、幕府の直轄領となりました（第1次幕領期）。幕命で海防のため奥羽諸藩が蝦夷地を支配した時期もありました。場所請負制もいったん廃止されます。アイヌの待遇も幾分、改善されました。

明治新政府とアイヌ
についての各社の記述

教育出版

北海道と沖縄県

　政府は、蝦夷地を北海道と改め、開拓に力を入れました。仕事を失った武士や農民などを北海道に送り、屯田兵として、原野の開拓と北方の警備にあたらせました。古くから北海道に住んでいたアイヌの人たちは、平民とされましたが、土地や漁場などの権利を失い、生活が成り立たなくなりました。また、日本語を使うことや、日本式の名前を名のることをしいられ、アイヌ民族の伝統的な文化や習慣は禁止されていきました（琉球は略）。

新政府による国づくりの始まりと松浦武四郎

　教育出版は、明治新政府による国づくりとの関連でもアイヌを取り上げています。

　伊勢・松阪に生まれた松浦武四郎が蝦夷地へやってきたのは、赤蝦夷（ロシア）の脅威に対抗し国を守るためでした。武四郎は、弘化2（1845）年春、アイヌ民族の協力で知床岬まで行きます。

　その後、箱館奉行の御雇として沿岸を回り、樺太（現在のサハリン）や国後、択捉まで足を踏み入れ、沿岸部にとどまらず、内陸の石狩川・天塩川など多くの河川の奥地まで踏査しました。探検行を通して武四郎は、蝦夷地の地形や自然だけでなく、アイヌの習俗や文化に興味関心と持ち、さら、敬意を抱くようになります。

　そのいっぽうで、武四郎は、復活した松前藩の場所請負制度がアイヌ民族を苦しめている現状をつぶさに見聞します。場所を請け負った商人がアイヌを酷使して不当に大儲けをしていたのでした。武四郎は「その請負人の遣い

方、憎むべし。悪の極みならずや」と訴えています。

この時期に、武四郎は蝦夷地を6回にわたって探索し、「蝦夷探検家」として有名人となっていました。彼は、多くのアイヌ地名と人名を書き記し、『北蝦夷日誌』を幕府に献上しました。このなかで松前藩の「請負制」の禁止を進言しています。松前藩や商人たちの不当・不正を幕府に上申して、アイヌの待遇改善に尽力したのです。

アイヌの地誌・風俗や松前藩の非道なやり方を出版を通して伝え、北方世界への関心を高めた武四郎に対し、「維新の三傑」の大久保利通、西郷隆盛、木戸孝允といった新政府の要人たちは、一目を置いていました。

木戸は、戊辰戦争の敗者・会津藩士の流刑地（一藩流罪）として、蝦夷地に送り開拓と防衛に従事させる案を武四郎に相談します。しかし、色よい返事が得られなかったので、武四郎を良く評価しませんでした。アイヌの文化を尊重した武四郎は、彼らの自由な大地を流刑地とすることに賛同できなかったのでしょう。

いっぽう、大久保・西郷は武四郎を高く評価し、新政府が成立すると、大久保は武四郎を「蝦夷地開拓御用掛」に任じるようにしました。

「北海道の名付け親」松浦武四郎の生家　筆者撮影

明治元（1868）年、開拓使によりいったん場所請負制は廃止されます。明治時代になって、本格的に北海道開拓が始められると、和人が大量に移住するようになりました。

明治2（1869）年、これまで実績のあった武四郎は、「開拓判官」に任命されます。武四郎は「蝦夷地」のかわりに「北加伊道」等の案を政府に提出し、その結果、「北海道」に決定されたといわれています。北海道のほか11国86郡の国郡名も、アイヌ地名を基に

武四郎がつけています。

　武四郎は、アイヌの人びとの悲惨な実態を改善し、アイヌの人びとが安心して暮らすことができるようにと取り組みました。北海道開拓をすすめるにあたり、新政府に対して場所請負制度の完全廃止を訴えます。場所請負制は1869年9月に一旦は廃止が決定されたものの、場所請負人や商人らが反発し、武四郎らの努力もむなしく、同年10月「漁場持」と名を変えて旧東蝦夷地（太平洋岸および千島）や増毛以北の旧西蝦夷地（日本海岸およびオホーツク海岸）で存続が決定しました。

松浦武四郎の晩年の写真
松浦武四郎記念館展示
筆者撮影

　商人たちは、当時の開拓長官東久世長官に賄賂を贈って歓心を買い、そのため武四郎の意見は聞き入れられず、東京詰めの役人として、北海道へ行くことすらできませんでした。また、商人たちは、武四郎の良き協力者で僚友の判官であった島義勇を罷免に追い込み、開拓使内部で武四郎が孤立するようにしました。失望した武四郎は、翌明治3（1870）年に、思い半ばで北海道開拓使の職を辞すると共に、従五位の官位も返上しました（島義勇が佐賀の乱で刑死）。

日本初の種痘は世界初の大規模な集団ワクチン接種

　天然痘（疱瘡）は、和人やロシア人によって蝦夷地に持ち込まれた病気ですが。アイヌ民族には免疫がなかったため、江戸末期に大流行して人口が激減しました。

　幕府は、1856年、蝦夷地の調査を実施した村垣範正を箱舘奉行に任命します。村垣は、蝦夷地の天然痘の大流行に驚くとともにアイヌ民族に憐憫の情を持ち、幕府にその惨状を報告しました。

蝦夷人種痘之図

幕末の安政年間に行われた幕府のアイヌへの集団種痘の様子を描いた絵。絵には並んで順番を待つアイヌに種痘を施す幕府派遣の医師2人、上座の奉行ら3人の役人、記録する書記役などが描かれている。種痘を終えたアイヌたちはいろりを囲んで懇談し、会場には食器や布など種痘の報奨品も積まれている。この絵は、事業を推進した箱館奉行・村垣範正に献上された。

　幕府は、アイヌ民族への集団種痘（天然痘の予防接種）を決め、桑田立斎・深瀬洋春の2名の医師を派遣しました。翌安政4（1857）年、桑田は東海岸を担当、深瀬は西海岸を担当して、種痘を摂取するために旅立ちます。桑田たちは根室・千島方面まで出かけ、深瀬たちは樺太から斜里地方（知床半島の北側）まで回りました。

　しかし、種痘されるという噂を聞いて、アイヌの人々が山中に逃げ込むこともたびたびありました。このために、役人を動員して説得させ、ときには山中から無理矢理つれ出すこともありました。また、種痘を受けた者には褒美を与え、子供にも菓子等が与えられました。

桑田たち一行が種痘した期間は、2年間にも及び、桑田と弟子たちが種痘を実施した対象者は、6400人にもなりました。深瀬の種痘数は不明ですが、同数程度とすると、約1万2000人以上が種痘を受けたことになります。当時の蝦夷地のアイヌ民族の数は、1万8000人ともいわれますので、全体の3分の2にもなります。

武四郎も「種痘の御世話有らさせられけるぞ、実に如実ことまでと感涙を催し保りける」と、喜びを記しています（『簡約松浦武四郎自伝』）。

痘苗（ワクチン）の製造も長期保管も不可能だった時代に、幕府の医師たちは、子供たちに牛痘苗を植えつけながら、蝦夷地全域での種痘を成し遂げたのでした。この頃は、日本各地の蘭方医が、種痘の普及に懸命に取り組んでいた時期であり、一般人への種痘の集団接種はまだ始まっていませんでした。全国に先駆けて、日本最初の公費による集団種痘がアイヌ民族に対して行われたのです。またこれだけのワクチンの集団接種は世界初であり、画期的ともいえます。

この困難な事業が成し遂げられたことに感激した箱舘の豪商・杉浦嘉七は、アイヌ画で有名な平澤屏山に、蝦夷種痘図を描かせています。

教科書はバランスが大事

アイヌの人たちや在日外国人、障がいのある人への差別、性別による差別もある。

教育出版教科書の教師用指導書には、「アイヌの人たちや在日外国人」と、アイヌの人々を在日外国人と一緒に論じていますが、違和感があります。

なぜなら、決してアイヌの人たちは、在日外国人ではないし、かりにアイヌの人で「自分たちは外国人」と言った人がいたとしても、遺伝的かつ地理・歴史的に、同祖の日本人でしょう。

理・歴史的に、同祖の日本人でしょう。

アイヌの人たちは、核DNA解析の結果から縄文の直系の子孫であり、本州の文化とは異なる独自の文化を有していますが、同じ日本人と言えます。過去・現在において、抑圧や差別があれば、当然、名誉回復と是正の必要があります。

ただし、繰り返しますが、本土の和人もアイヌも「縄文人」を共通の祖先とする同じ日本民族であり、同胞です。

「アイヌこそが縄文人の正当な末裔」で、アイヌの人々は北海道の山中で縄文の習俗を最後まで守り通したといえます。

縄文文化は、「和の文明」である日本文明の基底をなすものであります。であるならば、アイヌの文化は、特に精神世界において、縄文以来の歴史と「和の伝統」を有しているはずです。

アイヌと和人との関係は、差別と被差別の歴史だけで語られるものではありません。教科書をはじめ、アイヌ文化に関する教材は、**新たな対立を生むものでなく、縄文以来の「和の伝統」を重視した「共生」・「友邦愛和」の内容であるべき**と強く訴えます。

シャクシャインは、小学校社会科学習指導要領があげる歴史人物には入っていません。ということは必ずしも採り上げる必要はなく、各社の自主判断となっています。

蝦夷地のアイヌの抵抗闘争は、おもに3つありますが、シャクシャインの戦いは、和人とアイヌの争いの中でも最大の戦いとなりました。

気になるのは、小学校歴史教科書では、シャクシャインを和人とアイヌの関係を語るうえで象徴的な人物に描いており、まさに悲劇の英雄です。子どもたちに、不正があれば、武力をもって立ち上がれ！と闘争をあおることになりかねない点です。これでは、松前藩や幕府が巨悪で、シャクシャインは善、松前藩・幕府が不正な権力で、アイヌは弱く哀れな犠牲者という二元論の対立構造を植え付けるのではないでしょうか？

せん。もし、**シャクシャインを取り上げるなら、同様に、アイヌに友好的な和人の群像も掲載してバランスを取るべき**だと主張しているのです。

　例えば、アイヌに愛情を注ぎ、アイヌに日本語や文字を教えた蝦夷地探検家・最上徳内、農業を教え、飢えに苦しんだアイヌの人たちの生活を改善したり、種痘の大切さを伝えアイヌの人たちを助けようとアイヌ語通詞・加賀伝蔵、日本で初めて公費による集団的な種痘を実施し、アイヌの人口激減を救った医師（桑田立斎・深瀬洋春・田村春堂ら）や役人（箱館奉行；村垣淡路守範正など）たち、そして、北海道の名付け親・松浦武四郎といった和人の群像です。

　北海道150年の節目は、また松浦武四郎生誕200年であり、その業績と人物像なりがようやく語られはじめました。武四郎は北海道では、クラーク博士に次いで有名であり、武四郎の出生地三重県松阪では、本居宣長ともに著名人です。日本史の授業では「空白」に近い当時の北方史を正しく理解するには、開拓・北辺防衛とアイヌの擁護に尽力した松浦武四郎こそは、今まさに北海道・アイヌと我々をつなぐ絆として教科書にも掲載されるべき人物です。

参考文献
瀬川拓郎『アイヌと縄文:もうひとつの日本の歴史』（ちくま新書）　2016
瀬川拓郎『縄文の思想』講談社現代新書　2017
篠田謙一、神澤秀明、角田恒雄、安達登『韓国加徳島獐遺跡出土人骨のDNA分析』文物、第9号、167-186、韓国文物研究院
篠田謙一、神澤秀明、角田恒雄、安達登（2020）『鳥取県青谷上寺地遺跡出土弥生後期人骨のDNA分析』、国立歴史民俗博物館研究報告、第219集、pp.163-178.
澤田健一『縄文人の日本史　縄文人からアイヌへ』柏艪社　2019
金澤正由樹『古代史サイエンス』島影社　2022
藤本強『日本列島三つの文化　北の文化・中の文化・南の文化』同成社　2009
毎日新聞2021/1/28　東京朝刊
秋月達郎『疫神の国』エムディエヌコーポレーション　2022
札幌市教育委員会『新札幌市史』第1巻通史1　北海道新聞社　1989
国立アイヌ民族博物館研究紀要第1号（2022）National Ainu Museum Journal Vol.1（2022）
山本命・更科源蔵・吉田豊『アイヌ人物誌—松浦武四郎原著「近世蝦夷人物誌」』
別海町郷土資料館『アイヌ語通辞（通訳）加賀伝蔵物語』
瀬川拓郎・本田優子・河治和香・山本命『松浦武四郎とアイヌの大地』ダイアプレス　2019

おわりに

親が知らない
「小学校歴史教科書の実態」

執筆：茂木弘道

お読みいただいて、ご感想はいかがでしょうか？

最後に、全体をふりかえってみることにします。

第1部では、日本を貶める教科書の「大嘘」の実態を5つの章について、ご紹介しました。

■ 日本を貶める「大嘘」にまみれた教科書

第1章「日中戦争」では、戦争のきっかけとなった盧溝橋事件について、あたかも偶々衝突が起こり、それが拡大して行ったかのように書かれています。しかし、これでは事件を起こしたのが中国側である、ということさえ隠した事実を無視しています。事件が起こった4日後に現地停戦協定が結ばれ、その第1項で「第29軍（北支の10万の中国軍）代表は日本軍（5600）に遺憾の意を表し、かつ責任者を処分し、将来責任を以てかくの如き事件の惹起を防止することを表明し」と記されているのです。こういう肝心な事実を一切述べず、まるで不法に駐留していた日本軍と中国軍が衝突したかのような前提で書かれているのです。さらに本格戦争に拡大したのは、日本の画期的な和平案を基に交渉が始まったその日の夕方、上海の海軍陸戦隊の大山中尉を惨殺するという事件を起こして、和平を破滅させて行ったのは中国側である、ということにも一切ふれず、日本が戦争を拡大して行ったかのような論調で書かれて

います。

　第2章「南京事件」では、各社とも南京で武器を捨てた兵士や女性子供をふくむ多くの中国人が殺害された、という全く事実無根のことを書いている有様です。現在では研究が進み、南京虐殺なるものは、プロパガンダであったということは明らかになってきています。何しろ南京国際委員会がつくった「安全区」に全市民20万が収容され、国際委員会の記録に人口減は全く記録されていないのです。1月になると南京市の人口は25万に増えているほどです。

　第3章「朝鮮統治」では、各社とも日本は力づくで朝鮮を併合し、「植民地」にしたという前提で記述しています。しかし、これは事実ではなく、条約により併合したのであり、世界中の国がこれを承認しています。また朝鮮の人々は併合によって「日本国民」となったのです。したがって基本的には日本人と同等の地位にありました。日本は自力で近代化できなかった朝鮮に莫大な投資を行い近代化を行ったのであり、「搾取」どころが、日本が結果的には搾取されたというの実態でした。

　第4章「第二次世界大戦」では、日本がなぜ起ちあがったかの説明がありません。アメリカは、1939年7月26日に一方的に「日米通商条約破棄」を通告してきました。日米開戦の26か月前、日独伊3国同盟締結の1年以上前のことです。こんな一方的な通商条約破棄はアメリカ史上初めてのことでした。準宣戦布告でした。これにより重要物資の輸出制限を行えるようになり、遂には当時93％を輸入に頼っていた石油を禁輸しました。日本が近代国家として存立することを全面否定した宣戦布告に他ならないことを書くべきです。

　第5章「原爆投下」については、各社かなり詳しく書いているのですが、一番肝心なこと、即ち原爆投下は非人道的で重大な戦争犯罪である、ということが何処にも書かれていません。原爆投下が「国際法違反である」ということは1963年12月7日の原爆裁判でも判決が下されています。

自国に対する「誇り」を持てない教科書

第2部では古代・中世史の「歴史歪曲」が語られています。

第1章「神話」では、「古事記」「日本書紀」「風土記」の簡単な説明、そして、ヤマトタケルの事績のみが取り上げられていて、高天原神話、天孫降臨神話、出雲神話の国譲り、神武天皇東征伝承等の物語はほとんど取り上げられていません。これでは、神話が現在につながっているという日本の歴史と成り立ちを、子供たちが理解できないでしょう。

第2章「縄文時代」ですが、放射線炭素（14C）を補正した年代（暦年代較正）を使った最新研究によれば、最古の土器は少なくとも1万6千500年前に遡り、それに伴い縄文時代の定義も大きく年代を遡ることが定説になっています。にもかかわらず、教科書は旧来の表記のままの「1万年」「1万2千年前」のままです。日本にそんな古い文化があっては困ると思ってるのかと疑いたくなります。また縄文文化を貶めるような「何日も食べ物が手に入らなかったことが多かったようです」と一部の遺跡例のみを根拠に書かれている表記がありますが、これは明らかに執筆者の勉強不足であり、意図的に書いているなら大問題と思います。

第3章「天皇」ですが、まず日本は現存する世界最古の王朝であること、そして、その権威の「いわれ」を教えないと、「なぜ天皇が太古の昔から現在まで存在し続けているのか」、「天皇の存在意義とは何か」を子供たちはまったく理解できません。それどころか現行の教科書の表記だと、大王（天皇）のことを、民衆を巨大古墳の造営に駆り立てる身勝手な権力者と理解するため、子供たちは天皇不信に陥り、やがて「税金の無駄遣い」「皇室廃止」にいきつくでしょう。現行の教科書では「権威と権力の違い」という肝心なことが説明されていないのです。それどころか、天皇の事績の説明は、聖武天皇くらいで、仁徳天皇、天智天皇、明治天皇、昭和天皇は辛うじて名前だけ教科書に登場する（それも多くは本文でなく「注」など）という現状

は、明らかに天皇軽視です。何より、初代神武天皇を避けていては、天皇の歴史や日本の国柄をまともに説明することもできません。「天皇の地位について…、歴史に関する学習との関連も図りながら、天皇についての理解と敬愛の念を深める」という学習指導要領の趣旨にも反しています。

第4章「元寇」ですが、日本開闢以来最大の危機でした。国を挙げてこれに立ち向かい、侵略軍を撃退した事件でした。ところが、教科書の記述はいずれも恩賞目当てで戦ったかのように書かれているのですから、あきれたものです。大きな犠牲を払い勝利に貢献したと当時の常識であった恩賞を求めた武士がいたということと、まるで恩賞目当てで全ての武士が戦ったかのように言うことは全く別のことです。史実の歪曲の典型例と言えましょう。

第5章「アイヌ問題」ですが、まず「先住民族であるアイヌ」という言い方は、学習指導要領にも示されており、教科書にもそのように表記されるのは仕方がありませんが、最新の科学的知見も加味する必要があります。なぜなら、アイヌは縄文人のDNAを最も多く保持している日本人だからです。また、農耕を取り入れなかったアイヌと内地日本人との間に大きな違いが生まれましたが、その関係は対立、抑圧ばかりではありませんでした。１８５７年、江戸幕府は、アイヌへの集団種痘を行いましたが、これは世界初の集団ワクチン接種であることが本書で紹介されています。対立・抑圧と共生の関係を、バランスを以て紹介するのが、教科書のあるべき姿でしょう。

日本国民の覚醒、働きかけが必要

以上の通りですが、現行の小学校歴史教科書の間違っている点、偏っている点などの問題点、ご理解いただけましたでしょうか？

文科省、並びに教科書出版社には是非とも抜本的に考え直していただきたいと願っております。皆様もぜひ声をあげていただければと思います。

松木國俊（まつき くにとし）

昭和25（1950）年、熊本県八代市生まれ。1973年慶應義塾大学法学部政治学科卒業。同年豊田通商株式会社入社。1980年〜1984年豊田通商ソウル事務所駐在。秘書室次長、機械部次長を経て2000年豊田通商退社。2004年松木商事株式会社設立、代表取締役。

現在、朝鮮近現代史研究所所長。日本会議調布支部副支部長、新しい歴史教科書をつくる会三多摩支部副支部長。

著書に『「従軍慰安婦」強制連行はなかった』（明成社）『ほんとうは、「日韓併合」が韓国を救った！』（ワック）『こうして捏造された韓国「千年の恨み」』（ワック）『韓国よ、「敵」を誤るな』（ワック）『本当は素晴らしかった韓国の歴史』『軍艦島 韓国に傷つけられた世界遺産』（ともにハート出版）、監修に『今こそ韓国に謝ろう』百田尚樹著（飛鳥新社）、監訳に『反日国家の野望・光州事件』池萬元著（ハート出版）がある。

松浦明博（まつうら あきひろ）

昭和32（1957）年、福岡県北九州市生まれ。東京学芸大学（中学社会）卒業、同大学院修了（教育学）。都立教育研究所研究主事（近代教育史）、都立高校・都立中高一貫校（副校長）、私立中高一貫校（進路部長・社会科主任等）・公立短大非常勤講師（日本史学・歴史学・教育学）、帝京科学大学（特命教授）等を歴任。

現在は、日本文化大学教授（日本史）、専門：日本思想史・文化史（清明心・高天原の研究、旧石器・縄文文化等）、歴史教育、道徳教育（倫理教育・宗教教育、環境教育、キャリア教育（進路指導・教員採用）。

主著：『日本神話における「高天原」とは何か！？』（幻冬舎）、共著：『東京都近代教育史・資料編』（東京都）、『最新日本史ノート』（国書刊行会）、『高等学校新日本史』（国書刊行会・明成社）、『歴史に学ぼう 先人に学ぼう』（モラロジー研究所）、『新しい中学校歴史教科書』（自由社）、『国境の島を発見した日本人の物語』（祥伝社）、『条約で見る日本近現代史』（祥伝社）、『教科書抹殺』（飛鳥新社）、『私たちの歴史総合』（明成社）など。受賞歴：第385回オピニオンプラザ「正論」入選「皇室の伝統と将来」（産経新聞）、第10回東京新聞教育賞、「こころを育む活動」2009年度個人賞（パナソニック教育財団）、歴史大賞・功労賞（モラロジー研究所）、本居宣長神社大賞など受賞。

茂木弘道（もてき ひろみち）

昭和16（1941）年、東京都生まれ。東京大学経済学部卒業後、富士電機、国際羊毛事務局を経て、平成2年に世界出版を設立。

「史実を世界に発信する会」会長、「新しい歴史教科書をつくる会」副会長、「南京事件の真実を検証する会」監事。

著書に『小学校に英語は必要ない。』（講談社）、『文科省が英語を壊す』（中央公論新社）、『日本は「勝利の方程式」を持っていた！』『日中戦争 真逆の真相』（ともにハート出版）、『「太平洋戦争」は無謀な戦争だったのか』（ジェームズ・ウッド原作、茂木翻訳、WAC）、『日米戦争を起こしたのは誰か』（共著・勉誠出版）などがある。

カバー、本文デザイン・DTP：井上亮

親が知らない 小学校歴史教科書の穴

令和7年3月15日　　　第1刷発行

著　者　松木 國俊

　　　　松浦 明博

　　　　茂木 弘道

発行者　日髙 裕明

発　行　株式会社 ハート出版

　　　　〒171-0014 東京都豊島区池袋3-9-23

　　　　TEL03-3590-6077 FAX03-3590-6078

　　　　ハート出版ウェブサイト　https://www.810.co.jp

Printed in Japan　ISBN978-4-8024-0235-4　C 0021
印刷・製本　モリモト印刷株式会社

日中戦争 真逆の真相

誰が仕掛け、なぜ拡大し、どこが協力したのか？

茂木弘道／著

本体1500 円＋税
四六並製　224 ページ
ISBN978-4-8024-0174-6

大東亜戦争　日本は「勝利の方程式」を持っていた！

実際的シミュレーションで証明する日本の必勝戦略

茂木弘道／著

本体1500 円＋税
四六並製　256 ページ
ISBN978-4-8024-0071-8

慰安婦性奴隷説をラムザイヤー教授が完全論破

ジョン・マーク・ラムザイヤー・著

藤岡信勝・山本優美子／編訳
藤木俊一・矢野義昭・茂木弘道／訳

本体1800 円＋税
四六並製　416 ページ
ISBN978-4-8024-0172-2

軍艦島
韓国に傷つけられた世界遺産

「慰安婦」に続く「徴用工」という新たな「捏造の歴史」

松木國俊／著

本体1500円＋税
四六並製　224ページ
ISBN978-4-8024-0065-7

日本が忘れ韓国が隠したがる
本当は素晴らしかった韓国の歴史

韓国人よ、自国の正しい歴史を直視せよ！

松木國俊／著

本体1500円＋税
四六並製　224ページ
ISBN978-4-8024-0045-9

反日国家の野望・光州事件

民主化運動か？北朝鮮が仕組んだ暴動なのか？

池萬元／著
松木國俊／監訳

本体1800円＋税
四六並製　352ページ
ISBN978-4-8024-0145-6

[復刻版] **女子礼法要項**
日本の女子礼法教育の集大成
竹内 久美子 解説
ISBN978-4-8024-0173-9　本体 1400 円

[復刻版] **中等修身** [女子用]
神代から連綿と継がれる女子教育の集大成
橋本 琴絵 解説
ISBN978-4-8024-0165-4　本体 1800 円

[復刻版] **高等科修身** [男子用]
今の日本だからこそ必要な徳目が身につく
高須 克弥 解説
ISBN978-4-8024-0152-4　本体 1500 円

[復刻版] **国民礼法**
GHQに封印された日本人の真の礼儀作法
竹内 久美子 解説
ISBN978-4-8024-0143-2　本体 1400 円

[復刻版] **初等科修身** [中・高学年版]
GHQが葬った《禁断》の教科書
矢作 直樹 解説・推薦
ISBN978-4-8024-0094-7　本体 1800 円

[復刻版] **ヨイコドモ** [初等科修身 低学年版]
低学年の時からこんな道徳を学んでいた！
矢作 直樹 推薦
ISBN978-4-8024-0095-4　本体 1600 円

[復刻版] **中等歴史** 〈東亜及び世界篇 東洋史・西洋史〉
驚くほど公正な戦時中の中等学校「世界史」
三浦 小太郎 解説
ISBN978-4-8024-0133-3　本体 1700 円

[復刻版] **高等科国史**
世に出ることのなかった"幻の教科書"
三浦 小太郎 解説
ISBN978-4-8024-0111-1　本体 1800 円

[復刻版] **初等科国史**
GHQが廃止した我が国最後の国史教科書
三浦 小太郎 解説　矢作 直樹 推薦
ISBN978-4-8024-0084-8　本体 1800 円

[復刻版] **初等科国語** [中学年版]
日本語の美しい響きと力強さ、道徳心を学べる
葛城 奈海 解説　矢作 直樹 推薦
ISBN978-4-8024-0103-6　本体 2000 円

[復刻版] **初等科国語** [高学年版]
道徳的価値観に基づく愛の心に満ちた教科書
小名木 善行 解説　矢作 直樹 推薦
ISBN978-4-8024-0102-9　本体 2500 円

[復刻版] **よみかた** 上・下 [初等科国語 低学年版]
低学年の時からこんな国語を学んでいた！
佐波 優子 解説　矢作 直樹 推薦
ISBN978-4-8024-0100-5　箱入り 本体 4500 円

[復刻版] **初等科地理**
ご先祖が学んだ我が国と大東亜の"地政学"
宮崎 正弘 解説　矢作 直樹 推薦
ISBN978-4-8024-0123-4　本体 1700 円

[復刻版] **初等科理科**
名だたるノーベル賞受賞者も学んだ理科教科書
佐波 優子 解説
ISBN978-4-8024-0184-5　本体 2300 円

禁断の国史
英雄 100 人で綴る教科書が隠した日本通史
宮崎 正弘 著
ISBN978-4-8024-0181-4　本体 1500 円

ルーズベルトの戦争犯罪
普及版 ルーズベルトは米国民を裏切り日本を戦争に引きずり込んだ
青柳 武彦 著
ISBN978-4-8024-0180-7　本体 1200 円